常·识

南方报业媒体融合漫论

黄常开◎著

南方日报出版社
NANFANG DAILY PRESS
中国·广州

图书在版编目（CIP）数据

常·识 : 南方报业媒体融合漫论 / 黄常开著. -- 广州 : 南方日报出版社, 2023.9
ISBN 978-7-5491-2659-0

Ⅰ. ①常… Ⅱ. ①黄… Ⅲ. ①报纸—新闻工作—研究—广东 Ⅳ. ①G219.276.5

中国版本图书馆CIP数据核字(2022)第248207号

CHANG SHI
常·识：南方报业媒体融合漫论

著　　者：黄常开
出版发行：南方日报出版社
地　　址：广州市广州大道中289号
出 版 人：周山丹
出版统筹：阮清钰
责任编辑：李　哲　严文玮
装帧设计：肖晓文
责任技编：王　兰
责任校对：阮昌汉　朱晓娟
经　　销：全国新华书店
印　　刷：广州市岭美文化科技有限公司
开　　本：787mm×1092mm　1/16
印　　张：18.25
字　　数：180千字
版　　次：2023年9月第1版
印　　次：2023年9月第1次印刷
定　　价：68.00元

投稿热线：（020）87360640　　读者热线：（020）87363865

自 序

在移动互联网时代，如何推进媒体融合发展，是时代之问，也是当代媒体人的必答之题。

习近平总书记对媒体传播格局的变革早有深刻洞察，新时代以来，对媒体融合转型、构建全媒体传播体系等，作出了一系列重要指示，为我们指明了前进方向，为媒体融合转型提供了根本遵循。落实好习近平总书记、党中央的决策部署，是我们媒体人的职责使命。

2016年6月我担任南方报业传媒集团总编辑、分管媒体融合工作时，传统媒体正经历全行业“断崖式下滑”，而且看不到筑底的迹象。关停并转成为很多传统媒体的归宿。

办报起家并闻名于世的南方报业，虽然是最早感知危机并一刻未停止探索转型的媒体机构之一，但很长一段时间找不到真正的突破口，各种尝试下来，均未形成气候，让人喟然兴叹。

我们深刻感知，仅对原有的理念、模式进行局部的改良和提升，已解决不了问题，不用非常规的方法则无以破局。必须坚定不移打造自主可控的新型主流媒体，必须坚定不移提升面向移动互联网的内容生产能力和传播能力，必须坚定不移筑牢我们的技术底盘。此时不积极作为，日后必然后悔莫及。

我那时自嘲，不要成了“末代总编辑”，并常以此自警自励。

然而究竟要怎么转型，做起来却是千难万难的。数十年形成的路径依赖，并非喊口号、做动员就能改变的，必须从顶层设计、融合战略、转型策略、实施举措等多般着眼，从生产习惯、业务流程、人才培育、薪酬考评、体制机制等诸般着手，全面革新，因时因势，逐步推进。

我和各位同仁一起思考、一起探索、一起落实。

面对前几年国内部分纸媒机构为摆脱生存困境而转投其他行业的情况，南方报业发出“我们的主业是什么”“主业能让我们过得好吗”等“四问”，通过有力的实践给出回答：没有传播力就没有一切。

办南方+，我们主张不要像以前办媒体一样另起炉灶，而是把原有的队伍转到移动互联网主战场去，通过“三个一体化”做好内容、做强技术、做大营收；当南方+建设小有成就、队伍显现疲态时，我们及时发出“建设新型主流媒体要抱持‘长期主义’”的动员。

对于新形势下的经营工作，我们提出“把媒体办好，是对经营工作的最大支持”，强调“投资内容，仍是当前性价比最高的投资”。

面对新媒体人才匮缺，我们提出“南方报业最珍贵的两项资产：人才和传播力”，实施一人一策的南方名记者培育工程。

在媒体管理上，我们主张管建并举，既要管得住，做到不出错、不出事，又要管得好，做到出新出彩，呈现勃勃生机，不能管得一片荒芜。

这些想法和做法，业已成为南方报人上下一致的共识，成为南方报业融合转型信奉的常识。

“世界上最重要的事，不在于我们在何处，而在我们朝着什么方向走。”令人欣慰的是，实践证明我们的方向正确，措施得当，成果丰硕。我们找到了一条既符合中央精神、行业趋势又有南方特色的融合发展之路！集团的各项指标自2016年开始止跌回升，传播力、影响力大幅回升，营收力包括总收入、总利润、总资产、净资产等主要经营指标持续向好，2022年净利润创下历史新高。目前集团各媒体机构都有长足发展，可谓“旧业还在，新业初成”，传统阵地稳步发展，新兴阵地蓬勃发展。纸质媒体并没有轰然倒下，还保持着较高的传播力、影响力、营收力，新媒体、新产业建设也获得比较好的发展和收成。经营结构发生可喜变化，新媒体营收已超过传统广告收入。

难得的是，集团旗下南方日报、南方杂志、南方网、南方农村报、南方周末、南方都市报、南方+客户端等7家媒体机构全部跻身“亿元媒体”俱乐部，且都薄有利润。放眼全国，能有盈利的媒体机构自不在少，当然有些媒体机构是靠做别的产业来支撑生存的，但像我们这样靠做好内容履行好主责主业实现生存并过上好日子的，可能尚不多见。

尤其令人高兴的是，经过集团上下积年的建设，南方+客户端已经建成为新型主流媒体！迄今为止，南方+客户端下载量超3.1亿，日活数逾600万，年发稿百万篇，2022年收入超4亿元，成为南方报人履职尽责的新战场、干事创业的新舞台、安身立命的新饭碗。

媒体融合，也是改革！改革需要敢想敢试、创出新路，同时也要善于总结、把握规律。在日常业务流淌中，不论内部发言、业务会议，还是正式访谈、发表文章，我常将自己对融合转型的思考成果或宣之于口，或形诸文字，与同事交流，向同行请益，几年下来也积累了不少篇什。现在我花了点时间，将这些年的发言、访谈、报告、课件、论文等加以整理，利用我的广东“特支计划”宣传思想文化领军人才专项资金结集出版。倘若能供南方报人工作时参考，能供新闻同行、专家学者交流探讨，则实属我之幸事。全书没有深奥玄妙、晦涩难解的道理，也没有脱离实际、空洞说教的冗述。书名曰《常·识》，既是平常观点之意，也是正常见识之谓。全书用八组关键词串起来，正是南方报业在践行融合发展时，在“既要、又要”的“两难”之中，统筹兼顾、做到“两全”的实践总结。

需要指出的是，本书呈现的绝不只是我一个人的实践思考，而是集体智慧的结晶。党和国家关于媒体融合发展的顶层设计，为南方报业的实践探索提供了时代机遇；历任集团“班长”和班子其他成员团结奋进，心往一处想，劲往一处使，总给我鼎力支持；南方报人鲜活的思想、生动的实践，总使我信心百倍；国内外众多学者和业界从业者的研究成果，也给了我很多启迪。在此一并致谢。

传媒业正经历着百年未有之大变局，应和着历史大潮不断流淌、奔腾、冲刷。目前来看，新的河床和走向并未完全定型，机遇与挑战依旧并存。扛过创业的艰辛，熬过开拓的劳累，我们不能满足于小胜，仍须抱持“长期主义”，一棒接一棒，勇往直前，确保自身始终行进在历史的长河之中，而不被历史所抛下，不被时代所遗弃。

是为序。

黄常開

2023年夏

目 录
CONTENTS

一 旧业与新业 / 001

媒体改革要切实回答好“四问” / 002
办媒体一味守着报纸肯定不行 / 006
自警不要成了“末代总编辑” / 008
生存是转型的内驱力 / 011
转型不是转行 / 013
没有传播力就没有一切 / 015
“此消彼长”还是“此长彼长”？ / 018
旧业还在，新业初成 / 020
媒体融合发展要做到“八个坚持” / 022

二 饭碗与舞台 / 025

“造船”还是“借船”？ / 026
构建媒体融合新生态 / 032
融合之策：内容、技术、经营三个一体化 / 033
转型之路：移动化、平台化、可视化、智慧化 / 036
支撑之基：体制机制改革与南方名记培养 / 039

专业生产与开放生产，相得益彰 / 041
五个南方+：没必要去另建一套五脏俱全的体系 / 043
是“南方+”+，不是+“南方+” / 047
内容的五字方针：多快新近实 / 048
南方+要出什么圈？ / 050
只有“下沉”才能基业长青 / 052
建设新型主流媒体要抱持“长期主义” / 057
不是所有客户端都能成为主流媒体 / 063
做好几个“端出” / 064

三　事业与人才 / 067

南方报业最珍贵的资产：人才和传播力 / 068
既论功行赏，也论资排辈 / 070
南方名记培育工程的三方面考虑 / 072
名记是“三优”建设的先锋队 / 074
南方名记培育工程的三个突破 / 076
名记不是评出来的，是打出来的 / 078
一人一策、因人施策 / 080
总编辑挂帅名记服务组 / 082

充分信任名记、热情关心名记、严格要求名记 / 084
南方名记培育工程的“三个探路” / 086
名记要成为怎样的人？ / 092
身内之物、身外之物、身上之物 / 095
干什么学什么、缺什么补什么 / 096
人物、人才、人手 / 098
构建三个体系 / 099
努力工作、主动工作、创造性工作 / 103
建设和“吃饭”并重 / 104
过好几个“日子” / 106

四 主业与产业 / 111

轻忽媒体业务无异于舍本逐末 / 112
压力再大也要在主业上坚持高投入 / 113
不仅靠主业活着，还要活好 / 115
我们是报业集团，而非物业集团、房地产集团 / 117
听起来激动，做起来难弄 / 119
把媒体办好，是对经营工作的最大支持 / 120
区县的长尾市场是一盘大生意 / 122

从围绕“一张纸”到围绕“线上线下”展开经营 / 124
活下去、活得好要做好这些工作 / 126
三个“要效益” / 128
“只要内容貌美如花，经营就能赚钱养家”引起共鸣 / 131
我们要做什么样的产业 / 134

五　内容与技术 / 137

技术支撑力是传播力的一部分 / 138
技术和内容同为新媒体发展的两轮 / 139
技术一体化支撑的五个核心理念 / 141
技术平台不能受制于人 / 143
自主可控不等于从零开始 / 144
培养“最懂业务的技术人员”和“最懂技术的采编人员” / 145
功能性指标解决“有和无”，技术性指标解决“有和优” / 146
媒体不是科学院、研究所，技术不必太超前 / 147
首先做好支撑，其次才是赋能 / 148
既要“一统江湖”，又要“内外兼修” / 150

坚持技术“四个一” / 152
技术要甘于做“幕后英雄” / 155

六　除弊与革新 / 157

义无反顾往前走 / 158
南方+上线，变革的契机 / 159
从体制机制和人才上破局 / 160
每季度召开南方+建设推进会 / 163
南方日报采访部就是南方+采访部 / 165
强化“南方+是大家的”的理念 / 167
报网端音视频部使短视频生产“量质齐升” / 168
报刊网端理论评论部唱响“南方声音” / 169
报网端版权工作部构筑版权生态运维闭环 / 170
触动利益比触及灵魂还难 / 171
精准定位，报网端“分工不分家” / 172
算大账不算小账，节成本就是为了扶持新媒体 / 173
从激励“移动优先”到实施“协议薪酬” / 175

七　管理与建设 / 177

让管住管好从“两难”变“两全” / 178
四个管理：阵地、导向、内容、队伍管理 / 180
三个全覆盖：阵地、把关和人员全面覆盖 / 182
三平：政治平安、导向平稳、舆情平静 / 184
不出错、不出事、不出问题 / 185
安全是1，其他工作是后面的0 / 186
重在落实落细落小，不能凌空蹈虚 / 189
值班要人到、心到 / 191
不碰天线，不触底线，不冲红线 / 193
管得住是为了腾出更多精力来出新出彩 / 196
舆情研究部：导向安全和舆情安全的守夜人 / 198

八　大生态与小生态 / 201

融合转型的方向和方法 / 202
气质相近、逻辑相洽的媒体相融 / 204

融合的几种方式 / 206
作为最早一批网络“原住民”，南方网已突围 / 208
除了盈利路径，南方网更要找到商业模式 / 211
南农这支“最懂‘三农’的团队”很拼 / 212
南农身处高位，进攻是最好的防守 / 215
用优质内容擦亮金字招牌，南周还要持续给力 / 216
四大能力养成，南都已有生存之道 / 219
南都千难万难也得建好自主平台 / 221
六条经验要坚持发扬 / 223
“17个抓”，建设新型主流媒体要持之以恒 / 225

附 录 / 229

传播力重建，融合转型转出新格局 / 230
南方名记培育工程的“三个探路”意义 / 245
建设高水平新型主流媒体要抱持“长期主义” / 253
加快实施“下沉策略” 建设覆盖广泛、基业长青的新型主流媒体 / 263

一 旧业与新业

【观点】

不重视报纸就没有现在，不重视移动端就没有未来。

【概要】

从长期趋势来看，报纸一定会消亡，报纸与新媒体一定是“此消彼长”。但旧事物的消亡和新事物的成长并非发生于一朝一夕间，而是有个强弱渐变的过程。国内部分媒体已率先取消出版纸质版，南方报业不宜采取这样激进的改革措施，现阶段还要坚持“此长彼长”。当前我们正处在“旧业还在，新业初成”的阶段，大力推进南方+建设并不是要放弃报纸、放弃杂志，这些媒体的发展势头还很好，不能贸然丢掉。但可以肯定的是，不重视报纸就没有现在，不重视移动端就没有未来，不能等到报纸不行了，才来建设移动端。

媒体改革要切实回答好“四问”

做媒体的，面临的挑战、困惑、使命、任务都差不多。当前推进媒体改革，要回归到最简单的命题，切实回答好“四问”。

一问：我们的主业是什么？

答案是办好媒体，做好内容生产传播，除此都属“不务正业”。媒体办不好，没有阵地可守，没有用武之地，某种意义上讲就是失职甚至渎职。之所以要着意强化主业意识，是因为在新媒体的冲击下，以报纸为中心的众多传统媒体日益艰难。国内有些传统媒体式微得非常厉害，尤其是都市类报纸，广告发行一落千丈，于是想方设法转去投资其他行业，对媒体业务却有所轻忽。这无异于舍本逐末，亲手葬送了自己的政治价值和社会价值。转型不是转行。不管传媒环境如何变化，媒体属性是不能弱化的。传统媒体不行了，我们转向移动互联网成为必然趋势。报纸逐渐被大家抛弃，不全是因为它的内容不行，而是它的介质不行。要在移动互联网的汪洋大海中生存发展，有两种方式：一种是“造船”，建设自主可控的新型主流媒体；一种是“借船”，利用好第三方平台，完成自我驱动的转型。南方+就是我们自建的“媒体船”，目前下载量数以亿计，日活超过600万，持续释放强大传播能量。

二问：主业能让我们过得好吗？

答案是：能！过去，南方报业靠着办好报纸、做强内容，成为中国最早闯市场、旗下一流媒体众多的报业集团。现在，我们靠着办好新型主流媒体，提升面向互联网的传播力，展现出全新传播能力和时代价值。比如，南方周末是以优质内容著称的品牌媒体，近年来尽管生存压力巨大，但始终坚持“对内容的投资是当前性价比最高的投资”理念，一如既往地对采编予以高投入，媒体融合取得新成效，依靠内容生产传播就实现了盈利。南方日报、南方+客户端经营收入和经营质量均受益于内容品质的溢出，成果丰硕。南方杂志、南方网也有较好收成。南方都市报、南方农村报也依靠内容生产优势闯出了一条属于自己的转型新路。正是靠着做强主业，我们过上了更有尊严的好日子。在集团的开支中，除了生产成本外，占大头的就是人力成本。让员工分享集团发展的成果，使大家既有事业的回报，又有不菲的收入，便没有后顾之忧。媒体同行来调研，常常会感叹南方报人让人感觉不一样，有蓬勃的朝气、冲天的干劲。

三问：做好主业了，还要做产业吗？

当然要。主业是根本，能养活大家就很不错了，但要赚大钱补贴家用还是要靠产业。做大产业的逻辑是，做强主业，让传播力、影响力产生溢出效益，从而撬动产业。集团在做好主业的同时，近年来培育了一批成规模、稳利润的多元产业项目，比如土地物业项目、投资板块都做得不错，持续增强了集团的自我造血能力。做产业，我们要记住两条：不熟不做，做与我们的主业优势相协调的产业；力不到不为财，不能假手于人，天下没有免费的午餐。除了主业经营及主业相关多元业务，南方报业的产业主要落墨于两方面：一是做好资本投资等产业经营。比如投资南方传媒、新华网，用几千万元的投资撬动几亿元的收入，对主业形成很好的补充。二是做好以投资优质地块为主的物业土地经营。集团的物业租金收入一直是较为稳定的收入来源，我们投资的揭阳项目、横琴项目、鱼珠项目也都取得不错的收益。但做产业要十分慎重，做得好能赚大钱，做不好就要亏大本。有些项目不是我们擅长的，既没有体制机制优势，也没有人才资金优势，还没有管理能力，“听起来激动、做起来难弄”，就不一定做了。

四问：要做好这些，我们应该做些什么？

总的目标是：重建现代传播能力，建设面向移动互联网的自主可控的优越平台，建成高水平的新型主流媒体。没有传播力就没有一切！

重点任务有三项：一是推动主力军全面挺进移动互联网主战场。把更多优质内容、先进技术、专业人才、项目资金向移动互联网主战场汇集、向移动端倾斜。二是建成高水平新型主流媒体。更加重视南方+建设，有效整合集团各类媒体资源和生产要素，将更多人财物投向南方+，尽快建成高水平新型主流媒体。三是加快构建全媒体传播体系。完善媒体融合发展规划布局，在体制机制、政策措施、流程管理、人才技术等方面加快融合步伐，构建“此长彼长，此强彼强”的深度融合发展新生态，最终形成资源集约、结构合理、差异发展、协同高效的全媒体传播体系。

在此过程中，我们将以刀刃向内的勇气对原有体制机制进行除弊革新，着力建设高效能支撑保障体系，包括人才培育制度改革、薪酬考核机制调整、基层创新活力激发、组织架构优化、业务流程再造等，破立结合，管建并举。

办媒体一味守着报纸肯定不行

现在的传播格局与30多年前相比，发生了翻天覆地的变化。互联网深刻地改变了我们的生活。以手机为代表的移动通信技术和设备，正是主导这种改变、形塑今天移动化生存的最重要力量。

当手机屏幕取代了报纸，当用户能随时随地轻松获取资讯、与内容生产者无缝连接互动时，其所传达的是读者的阅读需求和品位变化，是舆论传播场景的变化。比如，有别于传统报纸以“天”为周期、以“版”为载体的内容生产模式，新媒体在时间上没有截稿时点，在题材上无边无际，在容量上海量储存，天地广阔，大有作为。

前些年，传统媒体受到了互联网的强烈冲击，以报纸为主要传播介质的媒体，尤其是都市报、晚报等首当其冲，机关报受到的影响稍弱一点，但同样不可忽视。这种冲击最主要表现在发行量萎缩上，导致传播力下降，最后造成营收力下滑。

南方报业也不能幸免。互联网带来的冲击可谓是颠覆性的，办媒体一味守着报纸肯定不行了，在移动互联网中开疆拓土成为必然趋势。在新的传播格局下，传统媒体面临一定的“用户连接失效”危机。无论南方报业有多么辉煌的过去，未来都如逆水行舟、不进则退。过去不足凭，虚名不足恃，经验不足训。互联网时代的媒体生存发展，还是要回到媒体的自身变革上来，回到传播力建设这个根本上来。

自警不要成了“末代总编辑”

回顾南方报业的转型融合之路，我们启动得比较早，落实习近平总书记媒体融合转型的指示要求比较迅速，但很长一段时间找不到真正的突破口。我们在国内率先尝试做手机报、智能手机阅读、平板电脑应用等，最终也没有形成气候；尝试转到“网”，想改造南方网来上市，最后并不如意；尝试搞报网融合，做得也不是很理想；尝试做“两微”等第三方平台账号，做得还不错，但它们始终是别人的平台，做得好对我们也没有多大的实质收益。因为，哪怕内容能传得很远，数据却是别人的，营收的大头也还是别人的。各种尝试下来，只留下“起个大早赶了个晚集”的嗟叹。

2015年10月，南方+客户端上线。2016年6月，我从集团总经理转任集团总编辑，分管融合发展工作，总感觉南方+有很多不顺的地方。比如，南方+很缺优质原创稿件，虽说要求“先端后报”，但没有强制，南方日报记者采写了稿子，想起来才给南方+，想不起来就不给，大家都在报纸上挤破头。那时的《南方日报》版面还很多，主报工作日每天出24个版，还有大量地方观察版、视窗版。但如果大家争着在报纸上发稿，再多的版面都不够。那时，南方日报日子也还很好过，日均发行量超过

80万份，广告收入3亿多元，发行收入4亿多元。所以，当时很多人觉得没必要转型，转了又不一定能成，毕竟，大家都没见过几个成功的案例。

尽管如此，在调研后，集团党委做了研究，认为从“纸”向“网”转是势在必行、不转不行，是大势所趋、大势所迫。客户端等移动互联网肯定是主战场，报纸是会式微的，党报可能会坚持得久一点，但是迟早都会衰退的，这个是总趋势，是介质属性决定的。所以，我们要新打造一个干事创业的舞台、安身立命的饭碗，要有施展才干的地方、养家糊口的所在，这就是新媒体，就是南方+客户端。而且，我们现在就要抓紧打造，不能等到十年以后再来打造，不能等到报纸不行才来打造，那时就来不及了。这两年不打造好，就会错失机会之窗，再要打造也来不及了。转型的窗口即将关闭，到了那时，多数人的阅读习惯已经形成，新一代不会再看报了，老一代、中青代该下载的客户端也已经下载完了。

那么，怎么转？我们提出：围绕提升传播力这个主要任务，以合理的介质组成媒体融合生态，实施“三个一体化”——内容一体化生产、技术一体化支撑、经营一体化统筹，以此集中优势资源做强新媒体拳头产品；同时突破体制机制掣肘，培育南方名记人才，打造面向新媒体的优品爆款，进而引领整体发展变革。

回过头来看，当时的思路举措是对的。报纸绝对会消亡，只在于时间早晚。我们不要有鸵鸟心态，不要掩耳盗铃，移动互联网才是未来。如果你无法生存，问题还是出在自己身上，还是因为你没有去占领新阵地、开拓新市场。不要在乎一朝一夕、一城一地的得失，这个时候不积极作为，日后必然后悔莫及。我那时也自嘲，不要成了“末代总编辑”，并常以此自警自励。

从结果看，这些年南方报业改革的方向是正确的，路径是可行的，符合中央精神、行业趋势和集团实际。很多工作我们都先走一步、走快一步，因此抢占了先机、赢得了主动。比如南方+客户端经过8年建设，产品数量、质量、流量和下载量、日活都有出色表现。优质新闻点击量10万起步，100万+常见，1000万+不少，人气持续高位运行，在苹果应用程序商店新闻类应用中的排名曾一度摸高至第4位。集团的各项硬指标自2016年开始止跌回升，成功实现“V”形反转，总收入、总利润、总资产、净资产、现金流等主要经营指标持续向好，资产负债率持续下降；2021年总收入同比增长17%，净利润创下历史新高，同比增长15%；2022年，同口径计算，总收入和净利润都有不同程度增长。

生存是转型的内驱力

我们可以从四个维度看转型：

第一个是国家层面。习近平总书记有关融合转型的指示要求，各媒体就要责无旁贷落实好。党和政府需要“耳目”、“喉舌”、阵地，需要自主可控的新型主流媒体。发布权威信息，为党和国家鼓与呼，得有自己掌握的强大平台。党和政府要我们转型，是因为我们是意识形态主战场的一部分，不转，就上不了战场。

第二个是省委、省政府层面。省委、省政府需要推动工作的传播工具，要为中心工作服务，得有自己的媒体。我们自己若起不来，没传播没影响没人看，那上面就指望不上你了。若此，要你何用？他们就会“另请高明”，找央媒，甚至找其他有传播能力的载体，包括商业平台。

第三个是集团层面。集团是媒体集团，必须强化现代传播能力。意识形态功能是媒体的第一功能，或曰唯一功能。作为新闻舆论阵地，内容的生产和传播是主责主业，要是没有传播能力，尤其是互联网的传播能力，肯定是不能履行职责的。有钱、有房地产也是没有用处的，因为那不是你的主责主业，况且大把国企做得比你好。若此，你就不是一个媒体集团，而是一个房地产集团、物业公司。

第四个是个人层面。不管是社长还是普通员工，转型都是我们的内在需求。新媒体是我们干事创业的舞台、安身立命的饭碗。报纸如果没有订阅，或者有订阅没人看，那就带不来广告，还怎么生存？所以要活下去、活得好，必须办好客户端。生存是我们转型的内驱力。生存包括两方面需求：一是精神需求，我们得有用武之地，才能够发挥聪明才智；二是物质需求，我们要有一个谋生的饭碗、安身立命的所在，才能挣取一份不菲的收入，过上体面有尊严的生活。

移动互联网发展方兴未艾，我们还有机会谋得一席之地，若不去占领，很快就会失去生存空间。所以，大家要每时每刻记得，转型有两大需要：一是履行媒体职责使命、壮大主流舆论的需要。我们若无法传播党和政府的声音，社会进步的主流价值就没办法得到弘扬，做不到这一点，从媒体的职责使命来看就是失职，我们会被弃如敝屣。二是为自己而转，为生存而战。不转，这个行当就没了。人还在，没有用武之地，岂不是很凄凉？

转型不是转行

作为主流媒体，不管是报刊、广电还是网站、客户端，我们都要扪心自问：我们到底是做什么的？用大白话来讲，我们是“做新闻的”；用行业语言来讲，是做内容生产传播的；用政治语言来讲，就是做意识形态工作的。什么是意识形态工作？通俗地说，就是一种从思想上引导人、影响人的工作。这，就是我们的主责主业。

不管传媒环境如何变化，媒体属性不能弱化。就媒体的职责使命而言，最重要的是传播好党和政府的声音，展示好社会进步的主流，反映好人民群众的呼声，从而引导人、影响人。我们在传播声音、展示主流、反映呼声的时候，需要用新闻语言或者说是新闻专业技巧进行转化，让受众能够更易于接受。

面对互联网的冲击，众多传统媒体生存日益艰难，不少媒体开始了转型，想方设法活下去。有的看起来转得还不错，比如经营房地产、办酒店、开出租车公司等。如果这仅是副业、是产业，那不失为有益补充，但如果当成主业来做，那就有点不务正业了。因为叫你“转型”没叫你“转行”，转行后就不是媒体机构了。

我认为，转型的“型”，应该理解为形态的“形”。转型，就是媒体从“纸”的形态转成“网”的形态；融合，就是新旧两种媒体形态的融合共生。

南方报业要清楚自己的定位，不管怎么转、怎么融，媒体属性的基石地位始终不容动摇。

我们必须明确我们的主责主业就是意识形态工作、新闻舆论工作、内容的生产和传播工作，始终牢记媒体属性是集团的唯一属性，也是集团的品牌影响力之源、整合社会资源之本，所以务必一门心思做好主责主业，不能乱转乱窜。一方面坚持以正确舆论引导人这一新闻舆论工作的职责使命，另一方面坚持提供优质内容服务用户。

没有传播力就没有一切

媒体作为社会信息流转的介质，传播力是其最根本、最基础的能力。传播力建设好了，在此基础上的经营、拓展、服务等功能、业务，便水到渠成。而没有传播力，就没有一切。

首先，我们来认识传播力。传播力是媒体实力、能力和效力的综合反映。

综合学界研究来看，新闻媒体传播力主要指实现有效传播的能力，包含传播实力与能力。只有凝聚社会共识和主流价值观，形成正向传播效力的新闻媒体，才可以说具有强大传播力。我们在实践中把传播力定义为：新闻媒体通过内容生产、分发形成积极社会效果的能力，是媒体规模实力、覆盖能力以及传播效力的综合反映。评价新闻媒体传播力的主要指标是：采编实力、传播能力和传播效力。影响传播力的主要因素有：传播内容质量、媒介人员素养、传播渠道建设、技术支撑手段和媒体经济实力等。提升传播力的关键在于：打造“高品质内容生产—精准分发与广泛覆盖—形成积极有效影响”的传播闭环。

其次，我们要重建传播力，全面提升媒体面向互联网的传播力。

改革开放以来，南方报业先后创办了很多著名报纸品牌，可谓风生水起，搅动报界风云。重视传播力建设，尤其重视传播全链条建设，将内容视为媒体通往人心的钥匙，从内容生产开始就带着强烈的读者思维，正是这些媒体在群雄环伺的广东报业市场迅速崛起的密码之一。

但互联网的迅猛发展对报纸的冲击和影响是颠覆性的。“战场”变了——在移动互联网这个全新的蓝海中开疆拓土成为必然趋势；“玩法”也变了——内容不再是唯一的“王”，还有“技术为王”“渠道为王”“平台为王”“流量为王”“数据为王”等，不一而足。

在互联网的冲击下，我们清醒认识到，如果在过去的功劳簿上“躺平”，不进则退，肯定会被无情淘汰。互联网时代的媒体生存发展，还是要回到媒体的自身变革上来，回到传播力建设这个根本上来。重建传播力，既要积极拥抱新技术、“新玩法”，又要一切从现实出发，认清自己的优劣势，做必须做、能做成之事，不能在变革中迷失自我。

这几年，我们也深刻认识到，所谓融合转型，其实就是介质的迭代，就是要从“纸”的介质转到“网”的介质，在移动互联网拥有自己的优越平台，建设移动客户端，建成新型主流媒体。迭代不成，就是重建传播力失败，就会丧失阵地，丧失发言权，丧失媒体属性，就不再是媒体机构了。

现在来看，南方报业改革的方向是正确的，路径是可行的，是符合中央精神、行业趋势和集团实际的。比如南方+经过8年的建设，发展稳健。人民网研究院发布的《2020全国党报融合传播指数报告》显示，南方+的下载总量超过3.1亿（统计自11个安卓应用商店），在地方党报自建客户端中高居首位。目前南方+年发稿量超百万篇，日活数超600万，与广东各地、各单位合作共建的频道超400个，入驻的南方号突破7000个，深深扎入基层一线，牢牢占据“广东第一权威移动发布平台”制高点。

“此消彼长”还是“此长彼长”？

从长期趋势来看，报纸一定会消亡，报纸与新媒体一定是“此消彼长”。但旧事物的消亡和新事物的成长不是发生于一朝一夕间，而是有个强弱渐变的过程。国内部分媒体已率先取消出版纸质版，南方报业不宜采取这样的激进改革措施，现阶段还要坚持“此长彼长”。

比如《南方日报》还保持着很强大的舆论引导力和影响力，目前发行量超过80万份，至2023年已连续38年居全国省级党报首位；近年来每年传统广告营收稳定在3亿元以上，是全国省级党报中毫无争议的NO.1，所以不能贸然放弃报纸。当然营收要一直保持增长是很难的，能维持不跌就很不错了，能在高位稳住就算是增长了。

与此同时，面向移动互联网的主平台南方+客户端必须想方设法快速崛起。南方+2016年底营收达1000万元，2017年底达到了3000万元。2018年，我要求做到1亿元，很多人哗然，觉得很难，甚至感觉我在吹牛。事实上，这个目标是有依据的。当时南方+发展非常迅猛，下载量、日活、流量等数据都很好，只要优化经营的内部环境，使激励措施更加到位，营收就能实现质的飞跃。经过大家的拼搏，2018年营收达到1.2亿元。随之而来的，

2019年是2.12亿元，2020年超2.67亿元，2021年近3.17亿元，2022年达到4.28亿元。新闻客户端能有这样的营收能力，在全国是不多见的。南方+做到了靠主责主业养活自己，不仅“活下来”了，而且活得还很好。现在南方日报、南方+每个人的工作量都增加了不少，但再没人找我抱怨工资低了，没人找，肯定就是满意嘛！

这些年，我们的转型成果有目共睹。今天的南方报业也早已不是一张“纸”了，而是以省委机关报《南方日报》为龙头，拥有5家报纸、5种期刊、9家网站、6个客户端、超400个境内外社交平台机构账号、1家出版社以及3000块互动触控屏、10000平方米户外LED大屏的报刊网端微屏全媒体传播体系的集团，覆盖用户超过4.57亿人，现代传播力稳居全国前列，成为广东最具影响力的主流舆论阵地，也是广东唯一入选“国家文化和科技融合示范基地”的主流媒体集团。

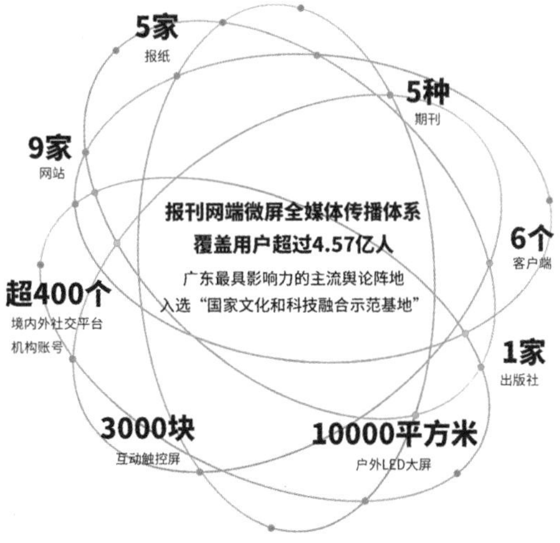

南方报业传媒集团媒体矩阵

旧业还在，新业初成

“旧业还在，新业初成”是南方报业独有的景象。原来办得很好的纸媒如《南方日报》、《南方》杂志、《南方农村报》、《南方周末》、《南方都市报》等，现在依然办得不错。集中资源办的自主可控新媒体平台如南方网、南方+、GDToday新闻网、南周App、南都App、N视频、粤学习等也起来了，发展势头很好。“纸”与“网”两大传播介质并存共生，集团整体传播力更强、影响力更大、家底更厚实。

面对纸媒的式微，我们没有将重心转到房地产、游戏产业、物业管理等上面，而是一直将主要精力放在面向移动互联网办好媒体、做好内容生产传播上，通过做强主业，让传播力、影响力产生溢出效益，带动主业经营，撬动产业发展，带来多元收入，让员工过上好日子。

当然，我们要时刻保持清醒头脑。传统业务下滑趋势加速，新媒体业务反超态势成型，上升通道已经打开。南方日报各分社、记者站也反映，报纸不好做，继续保持高位运行的难度较大。2020年，集团新媒体经营收入占总营收比重达21%，规模已接近传统广告收入；以前占营收半壁江山的报刊发行收入，只占到26%，说明原来过于依赖传统业务的局面已得到改变；传播力提升带动的多元化业务收入占比29%，并逐步成为集团主要业务板块。2021年和2022年，集团的新媒体收入均超过传统广告收入。即使强势如南方日报者，广告收入也同比有所下降，南方+营收已然超过南方日报广告收入，发展势头良好；南方都市报的新媒体收入同样也超过了报纸收入。

收入结构的变化表明，旧业虽在，但旧的传播力渐趋式微；新业初成，移动互联网传播力日渐凸显。集团各业务板块的平衡性不断改善，新的增长点不断涌现，南方报业正经历从报业集团向全媒体集团的转型过程，可谓“旧业还在，新业初成”，又谓“此长彼长，此优彼优”，让人欣慰。

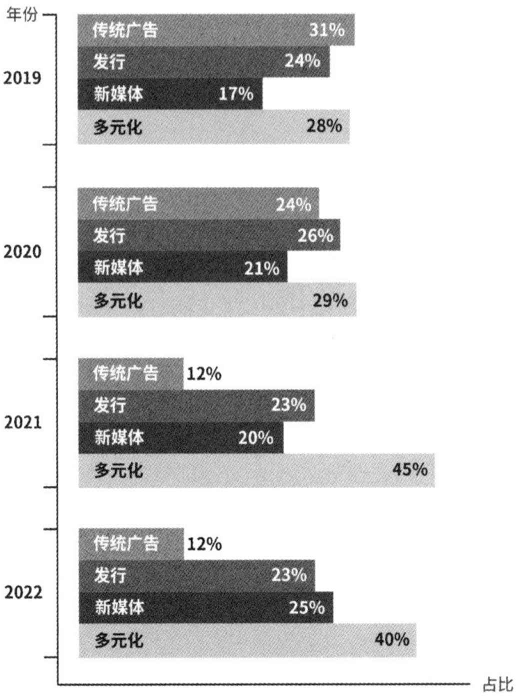

南方报业营业结构四年变化（2019—2022年）

媒体融合发展要做到“八个坚持”

媒体融合发展工作要统筹推进，实践证明行之有效的思路和做法要坚持不懈地执行下去。回顾近几年南方报业的发展历程，有八个方面的经验需要长期坚持。

一是坚持报网端融合生态。推进南方+建设要在南方日报、南方网、南方+等媒体组成的融合生态中进行，集中资源、集约资源，资源既要互连互通互享，也要避免重复建设、恶性竞争。离开这个生态，南方+将成无根之木、无源之水，报网端融合发展也将是一句空话。

二是坚持“三个一体化”和“四化”。实践已经证明，内容一体化生产、技术一体化支撑、经营一体化统筹是南方+短期内迅速发展壮大的法宝，移动化、平台化、可视化、智慧化则是南方+的成功路径，要坚定不移地走下去。

三是坚持发展和安全并行。阵地每向前推进一步，管理就要跟进一步，这样才能行稳致远，实现可持续发展。既要管得住，做到不出错、不出事；又要管得好，做到出新出彩、生机勃勃。在应对意识形态领域的风险挑战上，南方+没有天然的免疫力，也非金刚不坏之身。

四是坚持旧业和新业并存。当前我们正处在“旧业还在，新业初成”的阶段，大力推进南方+建设并不是要放弃报纸、放弃杂志、放弃网站，这些媒体的发展势头还很好，不能贸然丢掉。前几年我们说，不重视报纸就没有现在，不重视移动端就没有未来，现在我们则要坚持“纸”与“网”两大传播介质并存共生，共同带动集团实现整体传播力更强、影响力更大、家底更厚实。

五是坚持“造船”和“借船”并举。“造船”就是在互联网汪洋大海里拥有自主可控的“媒体船”。“借船”就是借助强大的第三方平台实现广泛传播，包括开设微信公众号、微博、抖音号、头条号等。“造船”和“借船”都很重要，两条腿走路才能解决传播力不足的问题。

六是坚持内容、技术、经营并驾。这是撑起新媒体平台的三根顶梁柱，每一根都不可或缺。因此，南方+设置了总编辑、总经理、总技术官。

七是坚持长期和短期并重。我们要坚持“长期主义”，但也要有短期目标。集团每年初与各单位签订的考核责任书就属于短期目标，要千方百计落实好。“长期主义”正是由一个个短期目标构成的。

八是坚持“‘三高’人群”和“普通群众”并茂。对“三高”（高素质、高消费力、高影响力）人群要全力拉新促活，设法满足其需求；同时也要争取普通群众，做到大量流量来自各地的区县、街镇频道。

二 饭碗与舞台

【观点】

南方+是我们安身立命的饭碗，更是干事创业的舞台。如果没有新的舞台，空有八斗之才也没办法施展。

【概要】

一家媒体，从社长到普通记者，就个人而言，都有两个需求：一个是精神需求，即聪明才智能得到发挥；一个是物质需求，或者说是生存需求，即我们要有个谋生的饭碗。所以，我们全力打造南方+，使之成为大家干事创业的舞台、安身立命的饭碗。这不是一蹴而就的事，而须久久为功。2022年初，我们发出坚持“长期主义”的动员令，要求各方始终对准传播力建设这个“城墙口”冲锋，推动南方+深入实施下沉策略，全力建设高水平新型主流媒体。享受胜利果实的未必是我们这一代人，但我们要一棒接着一棒干下去，扛过开拓的艰辛，熬过深耕的劳累，最终达成愿景。

“造船”还是“借船”？

前几年，面对移动互联网，南方报业有三大矛盾需要解决：一是互联网信息的汪洋大海与集团传播力不足的矛盾。在汪洋大海中，南方报业只能说是只“小舢板”，又或者是沧海一粟。二是人民群众对权威信息的强烈需求与集团新媒体不能满足其需求的矛盾。在信息海洋中，人们需要更多正能量、权威可信的新闻信息，但是集团新媒体还不能满足其需求。三是集团内容生产能力强大与传播能力不足的矛盾。这三大矛盾在2015年前表现得特别明显。

我们迫切地探寻在移动互联网汪洋大海中的生存发展路径。一般而言，有两种方式，一种是“造船”，建设自主可控的平台，拥有自主可控的“媒体船”；一种是“借船”，借助强大的第三方平台实现广泛传播，包括开设微信公众号、微博、抖音号、头条号等。究竟是“造船”还是“借船”，业界有不同看法。我认为，只要条件允许，就要两手抓，缺一不可。这些年，我们靠“造船”和“借船”两条腿走路，建设现代传播能力。

先讲“造船”。作为媒体，我们要干好主责主业，践行使命职责，就必须打造自主可控的优越平台，建成新型主流媒体。现在，要办个客户端很容易，几万元钱就行；但要办好很难，投入巨大，还不落好；办好了又要办得有人看更难，有很多客户端都是叫好不叫座，最后死掉的；办得有人看还得有经营收入那是难上加难，大多数办得好的客户端仍是亏损的，最后也办不下去了；办得有高收入还有利润那是“蜀道难”，综观全国，寥寥无几。

但还是要办。

第一，没有自主可控的平台，很难履行职责。商业平台“财大气粗”，尽管没有采访权，却拥有优先传播哪些新闻信息的决定权，也会将商业利益置于公共服务需求之上。当算法控制权不掌握在我们手上时，内容有没有流量要看平台脸色。同时，媒体在平台经营的账号无法完整地呈现我们想要传播的内容。比如，省委、省政府和市委、市政府开会，哪怕放上商业平台也只会选最吸引眼球的部分，常规会议就更难了，发了也没流量。可我们是省委、市委的媒体，必须呈现所有重要工作，靠这些平台是没法承载这项任务的。如果没有自主平台，我们怎样履行职责呢？

第二，没有自主可控的平台，价值没法变现。汪洋大海中没有自己的船，就没有存在感，没有影响力。我们常说，内容是眼前性价比最高的投资，那是基于我们生产的内容具有稀缺性的判断。内容稀缺性，若不能变现等于没有价值，而变现如果是通过第三方平台来实现，对我们同样没有太大的价值。有人说，发了一条微博，阅读量多少多少，但仔细一想，其实这些流量不是你的，而是平台的，顶多宣传了一下你的品牌。又比如，第三方平台推送了一条很好的新闻，有多少人会去留意这条新闻是谁生产的？所以，说得更直白一点，这是在为平台打廉价长工。

第三，没有自主可控的平台，没法产生经营收益。我们的内容在其他平台传播，哪怕他们购买了版权，会分点流量收入，也没法覆盖成本。在别人的平台上搞经营，相当于在别人的地里种庄稼，你获益4万元，兴许平台还收你6万元，是划不来的。

此外，一家媒体，从社长到普通记者，就个人而言，都有两个需求：一个是精神需求，即聪明才智能得到发挥；一个是物质需求，或者说是生存需求，即我们要有个谋生的饭碗。所以，我经常强调要打造好南方+，使之成为大家干事创业的舞台、安身立命的饭碗。简言之，就是要坚定不移地建设自主可控的优越平台。不仅是南方+，南方网、GDToday新闻网、粤学习、奥一网、N视频、南都App、南周App，都是我们造的自主可控的“媒体船”。虽说南方+流量跟一些大平台相比还有差距，但别人流量再大也不是“我”的，南方+的才是“我”的。吃饭时老盯着别人饭碗干啥呢？别人碗里的是肉也还是别人的，自己碗里的哪怕是青菜，至少能饱腹，总比没吃的好。所以，大家别小看南方+上一条稿子带来的几百万、几十万哪怕几万的流量，那全是“我”的，要倍加珍惜。

现在越来越多媒体负责同志意识到建设自主可控平台的重要性。省委、省政府要发布权威声音找谁？找中央媒体吧，他们门槛较高；找头部商业平台吧，他们没有首发资质；找《南方日报》这样的党报吧，当然可以，但受制于纸媒介质，其传播能力与移动端相比较弱。让南方+来承担这个任务最合适，而我们也必须有这样的担当，更需要有这样的能力。

南方+重要并非因为由我主抓，而是因为南方+重要我才主抓。南方+已经起来了，非常难得，如果不能乘势而上，就太可惜了。现在新建一个客户端很难，哪怕给你几十亿，给你同样的人才再去复制一个头部客户端也未必能建起来。机会已经远去，时间之窗逐渐关闭。我与新入职的员工交流时说，南方+客户端更多是为年轻人打造的，大家要把思维习惯转到“端”上，把聪明才智写在“端”上。南方+是集团的自主可控平台，也是集团的新型主流媒体。

总之，我们要坚定不移建好南方+，想方设法做精内容、做强技术，扩大下载、增加日活，精准服务、增进营收。我们有两个成功小秘诀，一是经营做得好，二是发行做得好。精准下载是搞好发行的重要手段之一。我出去开会或公干若是发现一些领导同志还没下载南方+，就会主动向他们推荐，请他们下载，请他们天天打开，最好每篇点开，并且转发南方+的内容。同志们别小看这样的笨功夫，一个个下载，日活就是这样积累起来的。这样的精准下载举措，要继续保持并发扬光大。

再讲“借船”。中央在强调“建设新型主流媒体”的同时，也十分强调“建设全媒体传播体系”。在打造自主可控的优越平台的同时，我们也要做好第三方平台账号，这是响应中央号召的题中应有之义。四五年前，我还不太赞同大家在“两微”上花太多力气。那时，我们的“两微”主要围绕报纸来做内容分发，或者转发一些全网热点，带不来实际效益，只能做做品牌宣传。

但现在不一样了，南方+做好了，“两微”等第三方平台账号可以转发南方+的精彩原创内容，可以为南方+导流，这样第三方账号就有了更大的存在意义，承载了更有价值的使命。2022年，南方+全网获得约百亿流量，这很好，“全媒体传播体系”初见雏形。

经过几年发展，上述的三大矛盾已有所缓和，“造船”“借船”的成果有目共睹。在移动互联网这个汪洋大海中，集团的传播力虽然还很不足，但已有较大幅度提升；集团新媒体虽然还不能完全满足人民群众对正能量、权威可靠信息的需求，但已在逐渐满足其需求；虽然内容生产能力强与传播能力不足之间仍有落差，但两者的匹配度正在逐步提高。

以南方+为例，这艘“媒体船”在新冠肺炎疫情阻击战中发挥了重大作用，凸显了广东抗疫主平台的价值。在广东暴发了本地疫情的地区，当地群众的朋友圈、小区业主群、学校师生群、亲人朋友群等，纷纷将南方+作为权威信息来源，进行广泛转载传播。2022年11月9日，南方+的番禺频道发布的《今天能上班吗？私家车能不能上路？番禺疫情防控十问十答来了》，作为一个地方频道发布的消息，24小时端内阅读量便达到176万，用户分享到微信后自发传播深度达到26层！像这样高传播力、高影响力的报道在南方+比比皆是。经过新冠肺炎疫情报道的锤炼，南方+强势崛起，牢牢占据“广东第一权威移动发布平台”的制高点，显现出我们下先手棋的优势。

我们都知道，疫情对传统报纸发行的冲击是非常残酷的，很多报纸由于社区封闭管理无法投递到户，寂寞地堆在某个角落没人问津。晚报、都市报的商业广告本来已很惨淡，当时几乎下降为零。当读者和广告客户不约而同选择毫不犹豫地转身离去时，纸媒还谈何传播力、影响力？2020年到2022年全国相继有一批报刊没有挺过“寒冬”，宣布停刊休刊。假如当初我们没有建设南方+，或者建了但没有传播力，今天又何以立足？广东的各级党委、政府也就没有了自主可控的权威移动发布平台，不能发出强有力的声音了。

构建媒体融合新生态

媒体融合主要是传统介质向移动互联网的融合，其实质就是介质的迭代，也就是建设面向移动互联网的传播能力。

围绕提升现代传播力这个主要任务，我们的实践大致可概括为：以合理介质组成媒体融合生态，战略层面实施“三个一体化”——内容一体化生产、技术一体化支撑、经营一体化统筹；战术层面实施“四化”——移动化、平台化、可视化、智慧化。在此过程中，实行自我革命，突破体制机制掣肘，培育融媒人才，引领整体发展变革，提升传播力和影响力。

这里的媒体融合生态，指的是气质相近、逻辑相洽的多种媒体融合形成一种新的媒体生态。我们集团媒体众多、端口众多，且自成一体，不可能一股脑儿各自转型、单向融合，必须找到一条独特的融合之路。比如《南方日报》、《南方》杂志和南方网、南方+客户端都是党的权威媒体平台，可以组成一个生态；《南方都市报》《南都周刊》《南都娱乐》以及奥一网、南都App、N视频、各类第三方平台账号都是基于都市类媒体发展起来的，可以组成另一个生态。以此类推。

我们在同一生态中推进媒体融合，从“相加”迈向“相融”，达到“此长彼长，此强彼强”的效果，再将这些生态逐步打通，互融共生形成南方报业这个大生态。

融合之策：
内容、技术、经营三个一体化

“三个一体化”是融合之策。

内容一体化生产，就是整合同一生态圈内的采编力量，形成一支队伍、一个系统服务报网端微多个介质、生产各类产品的一体化生产新格局。比如南方日报的采访力量和资源较强，南方+就不另设采访队伍，南方网记者也不会与南方日报记者重复生产。这就要求南方日报的采访部门及时转变思维方式、生产方式、传播方式，重构组织架构、生产流程、体制机制，全面提升面对全媒体的生产传播能力。同时，南方杂志、南方农村报、南方周末、南方都市报等集团其他媒体也与南方+建立了内容共建共享机制，南方+作为集团客户端的趋势更加凸显。2022年，南方+推出超过25.8万篇原创稿件，均是各媒体不分彼此、充分融合、共同生产的，其中来自南方日报各采访部门的稿件超过16.8万篇。

技术一体化支撑，就是将技术作为“硬核”能力撑起融合生态传播力的底盘，充分整合分散于各媒体的移动技术资源，共商共建共享强大、统一、高效的技术体系。比如我们全力推进的南方智媒云，就坚持“一个技术系统、一个技术标准、一

套技术语言、一个技术思维”原则，为各媒体的数字化传播提供技术支撑和服务。因为媒体转型对信息技术的需求量非常大，如果每个媒体都组建一支队伍、搭建一套系统、购买大量设备的话，不仅造成低水平重复建设的浪费，而且很难做到用户拉通、流程畅通、数据流通。

经营一体化统筹，就是将南方日报原本只负责报纸广告的经营队伍，转型为服务南方日报、南方网、南方+客户端等多个平台的团队；通过经营制度优化和绩效考核导向，打通报网端，实行全案营销和全媒体经营。一体化经营充分释放了经营队伍活力，提高了党媒抗风险能力，厚植了党报经营的业绩。近年来，虽然国内报刊广告经营持续下探，但南方报业主要经营指标却连续多年逆势飘红。2022年，集团在报纸广告保持高位运行的同时，新媒体及多元化收入快速增长，已占总营收的65%。

南方+正是我们实施“三个一体化”的产物。从上线以来，就从顶层设计方面采用一体化运作机制，没有另起炉灶，没有组建独立的采访队伍、经营队伍，连其编委会都是由各媒体单元的骨干成员组建而成，建设发展资金先是由南方日报兜底，后来则是由其亮眼的经营收入支撑，从而无后顾之忧。在同行较关注的考核方面，刚开始南方+还没有发展起来，有些同事不太积极在上面投稿。于是，一方面我们划定任务，规定100分稿分里必须有50分来源于在南方+上发的稿件，达不到就不能算是完成任务，而这笔钱由南方日报来付。另一方面我们将《南方日报》的定位调整为“三张纸”，即“政经纸”“观点纸”“深度纸”，一般性动态新闻稿不再占用报纸版面，而是分流到客户端，渐渐地，大家就养成先端后报的“肌肉记忆”。所以，只有一支队伍，没有你我之分，也就没有利益壁垒、没有沟通障碍，才不至于把宝贵的精力耗费在计算报纸发稿、新媒体发稿，切分新媒体收入、传统版面收入的“斤斤计较”上。大家齐心协力，做好内容、做强技术、做大营收、做好管理，南方+才能在短时间内迅速发展壮大。

转型之路：移动化、平台化、可视化、智慧化

围绕移动互联网时代下的传播能力建设，因应技术变革所触发的用户阅读场景和需求，我们明确提出推进“四化”，着力“在内容的不可替代性、服务的不可或缺性上下功夫”。

推进移动化，我们坚持“移动优先”，开展了一系列全面而深刻的流程再造，推动采编主要力量向移动端转移，着力提升内容品质，奋力抢占舆论制高点。

推进平台化，我们以打造新媒体拳头产品南方+为切入点，强化内容的专业生产、聚合生产、开放生产，加强与读者和用户之间的互动和连接，打造自主可控的优越平台，建设适应新型主流媒体要求的党端、我端、大端、强端。

推进可视化，我们充分整合利用内外技术力量和资源，创新提升融媒体产品生产能力和手段，以供给侧结构性改革不断满足用户的多元化产品需求，推出了一批又一批具有广泛传播效果的可视化产品。

推进智慧化，主要是智能化、智库化，一方面依托大数据技术强化内容分发、精准传播，在内容的生产和传播过程中加大技术赋能、创意赋能；另一方面突出“新闻+服务”，打造传

媒智库矩阵，强化决策参考作用，生产了一系列对象化、定制化智库产品，提升党媒围绕中心、服务大局的新能力。

在“四化”中，移动化占据牵一发而动全身的地位。当手机屏幕取代了报纸，当用户可以随时随地轻松获取资讯、与内容生产者无缝连接互动时，其所反映的不只是读者阅读需求和品位的变化，而是新的舆论传播场景的产生。就此而论，移动化正是一系列变革的起点。基于移动化变革，平台化、可视化、智慧化意味着传播枢纽和方式方法的重大变革和综合服务能力的延伸。相比于报纸的单向度传播，由移动化催生的移动端平台化，充分展现了其在内容聚合和服务连接等方面的巨大潜力；借助图片、直播、短视频、图表、动漫、H5等的可视化呈现，为新闻真正“活”起来提供了无限可能；综合运用大数据、云计算、人工智能等手段，不仅使新闻生产本身变得更“聪明”、更有针对性，同时也拓展出包括智库产品在内的众多智慧型内容品种和服务。

平台化的内涵体现在两方面。一方面，我们一直很明确坚持打造自主可控的优越平台，建设自己的新型主流媒体，而不是“借船”传播，以此，才有话语权，才有品牌收益，才能够价值变现。在建设初期，南方+还是“瘦田”，为了集中资源、统一共识，我们发挥考核指挥棒的作用，第一步是要求记者的稿件一定要首发于南方+，发在第三方平台的稿件不算分；第二步是将第三方账号的发稿权归口到南方+传媒中心，集中管理分发，并在南方+上做第二次生产。如今，南方日报采访队伍的稿件全面实现“先端后报”，有些甚至是“只端不报”。实践证明，打造自主可控的平台虽然很难，但如果不倾力打造就永远都难。我们实际上没花多少钱，就是优化再造了日常的生产流程，并理顺整合了部门体制机制，再造了组织体系。另一方面，我们也倾力建设平台型客户端，而不是寥寥几个频道的端口型客户端，因此，拓展南方号、共建频道和南方拍客等外延资源，大端气象已经显现出来。比如，我们有7000多个南方号，即各级党政部门入驻到南方+的新媒体号。通过南方智媒云技术系统支撑，我们联动全省主要服务于各大政务机构的1.5万名新媒体编辑投入开放生产、联合首发，扩大权威发布声量。我们还会根据重要节点做议题设置，展开同题作文，共同传播主流价值。各南方号现在都比较重视我们给予的评价，如果出了错，南方号运营管理团队会对入驻号进行发布限制；如果他们做得好，也会登上我们的传播力排行榜。共建频道则由南方日报珠三角新闻部、地方新闻部、总部相关部门与区县、镇街和垂直系统合办运营。南方+目前共有超400个共建频道，每一个频道都可以变成独立频道，可设置手机桌面的独立入口。南方+拍客则是一款向用户征集新闻线索、报道素材的工具，融合了摄影和视频爱好者拍摄的内容。开放生产与专业生产相得益彰，丰富了南方+这一优越平台上的优质内容库。

支撑之基：体制机制改革与南方名记培养

作为治本之策、长久之计，我们这几年对原有体制机制进行了除弊革新，“哪里不顺就向哪里动刀子”。几年下来，成效渐显，对集团提升传播能力和建设新型主流媒体起到了重要支撑保障作用。这就是我们融合转型的支撑之基。

要实现“三个一体化”和“四化”，是需要得到体制机制的支撑和保障的。这几年来的除弊兴利，触及体制机制，主要涉及组织变革、流程优化、薪酬激励、考评考核、人才培育等方面的改进和改善。我们采取的办法既坚决果敢，又不激进急躁，具体而言，就是破立并举，有破有立，边破边立，循序渐进。凡有不顺之处，就坚决改掉，坚决破除；凡要设立的新轨，就毫不犹豫地“立”起来，毫不迟疑地“建”成功；但破和立的过程是循序渐进的，逐年推进，渐次改良，既稳妥又切合实际，不知不觉间，就完成了破和立的转换。

设立报网端融合运营委员会，统筹报网端融合转型；南方日报所有采访部全部转型为报网端采访部；南方+管理架构实行“专职+兼职”模式；整合报网端音视频、理论评论、版权等力量，成立相应的报网端部门；改革“三会”（上午的采前会、下午的采编协调会、晚上的编前会）制度，实现报网端内容一体化生产统筹协调；改变“工分制”计酬考核方式，渐次推进以“费用包干”“一人一策”“按质计酬”和“协议薪酬”为基础的“年薪制”薪酬激励和绩效考核体系；实施南方名记培育工程，让大批人才成长成才。凡此种种，都是有破有立，破立并举的，效能也得到进一步彰显，生产力得到进一步释放。

改革不可能一劳永逸，改革永无止境！

专业生产与开放生产，相得益彰

做客户端，内容为王，南方报业是有优势的。在传统媒体时代，南方报业的内容生产优势和人才优势就比较突出，旗下也涌现出一批名报名刊，蜚声海内外。

而在移动媒体时代，南方报业的这两大优势并未丧失。故此，在建设南方+客户端的过程中，这两大优势仍然十分坚挺，给这一优越平台建设贡献了源源不断的优秀人才和优质内容，新闻内容的专业生产能力和能级极其出色。做客户端，没有专业生产能力，是很难搞好的。专业的事情，还得专业人士来做。所以，我们强调原创生产、专业生产，恪尽专业操守，追求不偏不倚，秉持专业、客观、理性。南方+客户端年发稿上百万条，来自南方报业各媒体的专业生产稿件多达25万条。

而在移动互联时代，光靠专业人士从事专业生产，是远远不够的，海量的信息从何而来？从开放生产中来。所以，我们既高度重视专业生产，这是我们的看家本领，这个本领任何时候都不能丢，还要大派用场；同时又十分重视开放生产，让广大读者、广大用户参与到内容的生产中来，这不仅仅是内容的开放生产，更是走新时代网上群众路线，亦是移动客户端交互式、沉浸式的题中应有之义。我们和各地各部门有400多个合办频道，而这些频道也能做到入口首页化，相当于是独立频道、二级客户端；我们又邀请了各级党政部门的政务新媒体号入驻南方+，成为南方号，目前入驻的南方号有7000多个；我们也开设了南方+拍客，让广大摄影和视频爱好者有了用武之地。每年，来自上述领域的开放生产的稿件多达40万条。

专业生产与开放生产，比翼齐飞，相得益彰。

五个南方+：没必要去另建一套五脏俱全的体系

我们内部有“五个南方+”的概念。

第一个是“大大南方+”，即报网端融合运营委员会，是集团报网端转型融合发展的协调执行机构。该委员会主任由社长担任，执行主任由总编辑担任，报网端有关负责人担任运营委员会成员。该委员会统率南方日报、南方网和南方+的融合工作。在该委员会的主导下，我们调整了报网端的业务格局和利益格局，合并了一些部门，打通机制环节，有效整合了资源。比如，我们以南方日报视觉新闻部为基础，整合报网端的音视频资源，成立南方+音视频部，它的正式名称“视觉新闻部”没变，但其音视频的功能得到了加强。报刊网端理论评论部、版权工作部，都是整合报网端力量而成的。刚调整时，个别同志对此未必十分认同，因为那时候没人知道能不能建好客户端，也没有经验可循。如果知道能建好，肯定个个都支持；但若既不能建好又要牺牲掉一些利益，大家就会有顾虑。所以，我们采取的是“旧业与新业并存”的发展模式，没有因为建设移动端而马上牺牲报纸，贸然把所有资源转到端上，也没有另搞一套架构，而是通过集中资源、集约资源，有效避免了“两张皮”“三张皮”的“表面”转型、“形式”融合。为了推进南方+建设，社长、总编辑坚持每季度召开南方+建设推进会，报网端融合运营委员会成员，南方+管理层及其编委会成员，南方日报各部门、分社、记者站相关负责人等报网端负责内容、技术、运营、经营的骨干参加，同心协力推进南方+建设，行之有年，也结出了硕果。这个“大大南方+”，还包括集团其他媒体在产品方面的融合。比如，南方杂志、南方都市报、南方农村报也以提供优质的原创稿件，在南方+开设频道等方式融入南方+。

第二个是“大南方+”，以南方日报和南方+为主。南方+客户端成立了管理架构、编委会，南方日报各采编部门及集团各媒体遴选一批采编骨干到南方+兼任副总裁、编委，连接各媒体资源和外部资源，轮值负责南方+的内容管理和策划。一方面，各媒体采编骨干把他们的经验和所在领域的产品带过来，为南方+注入新锐力量；另一方面，这些业务骨干又会以主人翁的责任感，为南方+的内容管理和建设助力。

第三个是“中南方+”，即南方+的专职团队，由一中心、两公司组成：南方+传媒中心、广东南方报业移动媒体公司、广东南方智媒科技公司。它们主要负责南方+前端播出、技术支撑和综合运营。为此，设立了总编辑、总经理、总技术官。

第四个是“小南方+”，指的是南方+的四个内容编辑部，即南方+传媒中心、南方日报要闻编辑部、南方日报珠三角频道编辑部、南方日报地方频道编辑部，分别负责首页及相关频道、南方号、各共建频道的内容建设管理，对应的负责人是南方+总编辑、副总编辑，珠三角频道首席内容官，地方频道首席内容官。

第五个是“小小南方+”，即南方+传媒中心，设办公室、播出部、策划部、融合部、设计部、视听部、平台部。

由此可见，南方+不是某一个人负责的，不是某一个媒体的，而是融合发展的产物、共建共享的结晶。我们办南方+，并不像以前办媒体一样另起炉灶，而是把原有的队伍（主要是南方日报的采编人员）转到移动互联网主战场去，把独有的内容品

“五个南方+”体系

牌人才优势拓展到移动端。南方+没有自己的采访队伍、经营队伍，连班子成员、编委会委员都是抽调各媒体精锐力量组建而成。我们集中了各媒体最优秀的人才来做内容生产和传播，负责平台的管理和建设。正是由于集中资源，也就集约了资源，南方+现在的传播力、影响力、营收力位居全国前列。如果独门立户那一定很难有今天的成绩。

外部人员刚开始接触“五个南方+”概念时会觉得有些眼花缭乱，但其实这是个创新，因为没必要去另建一套五脏俱全的体系。等融合转型若干年后，脉络可能会更加清晰明了。这是我们独有的发展路径，是我们的成功之道，必须坚持下去。

是“南方+”+，不是+“南方+”

南方报业的转型是面向移动互联网的转型，说白了，就是围绕南方+客户端主平台建设的转型，不是围绕南方日报纸媒的转型，是“南方+”+，不是+“南方+”，最终目标是在移动互联网打造出高水平新型主流媒体。

纸媒影响力不断式微，迟早会消亡。只是就南方报业的实际情况而言，纸媒的影响力还在，营收力还在，所以我们没有也没必要放弃报纸。现阶段，南方报业是旧业与新业“此长彼长”，但从长远来说这既不可能，也不现实，可能新业成了，旧业就不再有了。哪怕报纸还在，但能产生的影响力、营收力也会非常有限。所以，前几年我一直讲，不重视报纸就没有现在，不重视新媒体就没有未来。

总之，我们必须非常明确，要打造的是立足现在、面向未来的媒介形态，要建设的是面向互联网的现代传播能力，对南方报业而言就是南方+。谁主谁次，孰轻孰重，谁在“C位”，必须了然于胸。

内容的五字方针：多快新近实

我们叫报业集团，这个“报”，不是报纸，是报道；“报业”，不是报纸业，是报道业，而报道就是新闻。“人人都有麦克风”“人人都是记者”的说法看似流行，实际上不全面，甚至有时还不成立。不管是从西方的现实还是从我国的现实来看，自媒体都不足以承载严肃报道功能；机构媒体的员工主责主业明确，而且接受过专业训练，故而足以承担这一使命。从这个角度上讲，南方报业正当时。所以，我们全力建设新型主流媒体南方+，仅用了不到8年时间，营收就从2016年的1000万元，到2017年突破3000万元、2018年实现1.2亿元、2019年跃升为2.12亿元，再到2020年超过2.67亿元、2021年收入达到3.17亿元，到2022年达到了4.28亿元。人民网研究院发布的《2020全国党报融合传播指数报告》显示南方+下载量超过3.1亿（统计自11个安卓应用商店），居于全国新闻类客户端第二；据第三方监测机构数据，南方+日活超过600万，在新闻类客户端居于第二；南方+2022年营收在新闻类的客户端中也位居第二。在全国加快建设新型主流媒体的热潮中，这是令人瞩目的“南方+速度”。

很多读者反映，南方+的内容多得看不过来，的确，现在南方+年发稿量上百万条，符合我们提出的“多快新近实”的五字方针。“多”是数量多，而且丰富多彩、题材多样；“快”则是要快捷，抢第一落点，唯快不破；“新”是新闻，新鲜热辣；“近”则为贴近贴身；“实”则要有实用价值。这样才能适应用户移动化阅读趋势、可视化阅读需求，才算是积极进军网络舆论主战场，才能拓展智慧化生存和服务能力，延伸影响力。

南方+要出什么圈?

大家经常讲要“出圈”，南方+要不要“出圈”？要。那要去哪个“圈”？我们又处于哪个“圈”？要回答这些问题，首先必须搞清楚我们的用户是谁。

南方+的用户画像是“三高”——高素质、高消费力、高影响力。用户数量可能没有头部商业客户端多，但都很优质。根据调查数据，在学历上，南方+用户大学本科占比高达83.4%，意味着素质高；在收入上，南方+用户“平均月收入5000元以上”占比达78.6%，意味着消费力高；从社会层级角度说，南方+核心用户有一定决策权，或能一定程度影响决策，比如各级党政领导干部、公务员、企事业单位员工、中产白领，都是能在职权范围内进行决策的，意味着影响力高。可见，南方+用户是以质取胜，而不是以量取胜。

在我看来，南方+的用户主要是四个圈层：核心圈是党政干部、公务员、党员、企事业单位人员、教师、医生等，据不完全统计，这个群体全省加起来约1500万人。第二圈是各领域、各行业、各阶层有话事权的人物，他们关心时事政治经济，渴望掌握最新信息，这个群体数量庞大。第三圈是中产白领等，其数量就更庞大了。这三个圈层的用户都符合高素质、高消费力、高影响力这“三高”人群特征，既是我们的主流用户，也是我们的主要客户。第四圈层是基层群众、普通市民。他们如恒河沙数，数不胜数。前三圈是“三高”人群圈，后一圈是我们要去争取的普罗大众。我们的“出圈”，更多是从前三个圈出到第四圈。出到别的圈层，不是不行，是难度很大。这是由我们的调性和定位决定的。我们很难让只爱看抖音、快手的用户来看南方+。当然，今后我们的圈层还会不断扩大。我们也不指望用户像潮水一样涌进来，而是希望我们的影响和口碑像宣纸晕染一样逐步散开去，渗透出去。

无论如何“出圈”，我们的核心圈层不会改变。只有认清这一点，我们才知道要做什么内容给用户看。我们要集中精力满足这四个圈层用户的政治需求、新闻需求、资讯需求、精神需求，以此来构建我们的内容生产体系、价值导向体系。内容的丰富性、呈现方式的多样性，对南方+而言至关重要，“过硬”“过正”不可取。譬如，标题要有网感，内文要接地气，否则不能让人产生阅读欲望，用户不点开，那还谈何影响人群？

只有“下沉”才能基业长青

2022年开年，集团党委经过深思熟虑作出部署，深入实施南方+下沉策略，向镇（街）、村（居）和各垂直领域全面进军，建强建优区县、街镇频道，“占领”群众，做大长尾市场。这是南方+作为党端，走好网上群众路线、打通最后一公里、实现与基层用户全方位深度连接的必经之路，也是南方+在区域市场爬坡越坎、扩大优势的关键之举。只有“下沉”，南方报业的事业才能基业长青，我们的饭碗才能牢牢端在自己手里。

我们派驻记者到各地市已有几十年历史了。早在21世纪初，南方日报就创办了地方版，设置了地方站，在区域市场深入实施深耕下沉策略，锻炼出一支高素质的人才队伍，取得了社会效益、经济效益双丰收，这是我们长期形成的胜势优势。

进入移动互联网时代，我们以南方+频道建设为载体，大力实施南方+的深耕下沉策略，推动新型主流媒体资源下沉到区域。在区域市场，我们有自己的频道、阵地、人员，在各种重大报道中发挥着一锤定音、不可替代的作用。作为省委机关报集团，权威性、内容生产能力、人才优势、创新本领都是我们的核心竞争力，任何挑战都阻止不了我们下沉的脚步，我们要坚持做强做优自己，坚定创业创新创造。但我们也要清醒认识到，若只顾跑马圈地，疏于深耕细作，长此以往，这些圈来的地可能会撂荒，慢慢就会错失先机，像小熊掰玉米似的，掰一个丢一个，到时后悔莫及。此前，我们下沉的资源不够，重视也不够，所以还要深入实施下沉策略，这是坚持“长期主义”的一个重要举措。我们要推动南方+建设的重心不断下移，全面挺进县（区）、镇（街）、村（居）和各垂直领域，激发末梢活力，掌握广大群众，做大长尾。

南方+要连接用户、影响用户，海量用户从哪里来？一是符合高素质、高消费力、高影响力这“三高”特征的主流群体。这几年我们做得不错，还要继续拉新促活。二是比主流群体更广泛的普通群众，这方面我们做得不够。南方+要实现功能之变，除了作为信息传播载体、民生互动平台，更应该成为基层治理的工具，让党的声音和组织力传导到基层最末梢。频道要有用户爱看的、要看的新闻，有新近发生的本地新闻，还要有大量的服务信息，比如哪里停水停电、打折优惠等，这样才能增强用户的黏性。现在基层群众尤其是乡村人群常看的内容大多来自微信群、自媒体号、视频网站等，充斥着不够准确、不够健康的内容，如果南方+的影响力能够到达这个群体，就有巨大而深远的意义。总之，要充分挖掘共建频道资讯潜能，这意味着，必须找到适合自身发展的下沉路径。如今，佛山分社以三水频道、南海大沥频道、顺德容桂频道为试点，探索具有当地特色的下沉路径。三个频道的内容既生动又有烟火气，“端相”愈发好看，同时，三个频道各自新增了近百个长尾信源，难能可贵。各分社、记者站要

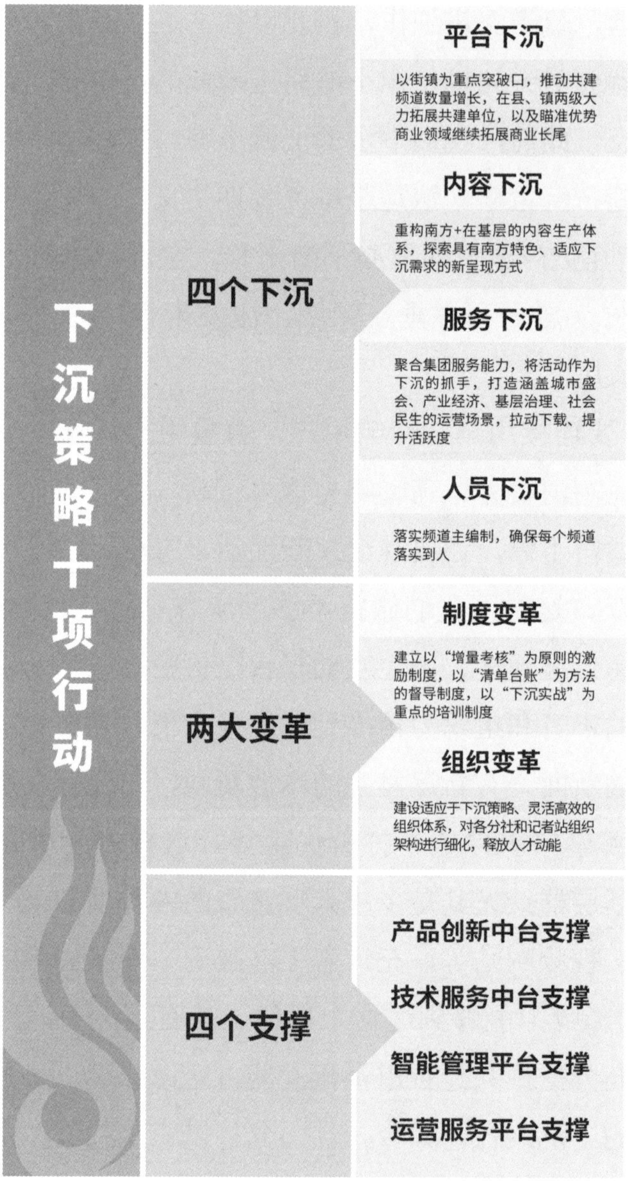

下沉策略十项行动整体框架

学习参考，充分发挥主观能动性，根据各地的文化、特色设立试点，找到适合自身发展的下沉路子，形成自己的打法。

这几年我们一直在扎实推进共建区县、街镇、村居频道这项工作，与各地各党政机关部门、企事业单位合作共建了超过400个频道，已实现市、区（县）两级全覆盖，为南方+带来了源头活水。但其实，不少频道更新率低、发稿量少，既不能满足基层群众获取信息的需求，也不为区县、街镇党政机关所用。我们必须高度重视这些问题，投入更多总部资源到各地方频道和垂直领域，扩大南方+的优势。我们还要继续加强频道首页化工作，在入口首页化、内容首页化有一定起色的基础上，加大力度推进运营、经营首页化，让频道真正成为大众用户喜爱的资讯门户、基层政府信任的治理工具。

下沉策略实施以来，态势总体向好，基层对南方+下沉的态度比预想中要热烈，不少区域实现了发稿数量、频道流量、共建频道数量、营收业绩“四个增长”。反映在内容生产上，通过全员上阵、全面下沉，抓住疫情防控中不同领域人员所关注的需求，各区域生产了一系列直播、音视频、主题策划、深度网文等优质作品，反响良好，转发热烈；反映在传播覆盖上，2022年，南方+端内打开、点开率增长，用户黏性增强，全端总流量同比上涨30%；反映在经营拓展上，南方日报、南方+营收稳中有进，其中2022年南方+营收同比增长35.34%，个别区域南方+收入超过报纸版面收入数倍。通过下沉，以往的重写稿、轻传播，重新闻、轻资讯，重开拓、轻深耕，重经营、轻服务的症结正在解决。

留给我们下沉的时间窗口已不多。我们既要看到报端发展的良好态势，也要将困难和挑战估计得充分些，积极迎战。从实操层面，我们再三强调：一是占领长尾、“占领”群众。下沉更多是为了长尾，各分社、记者站要充分发挥主观能动性，分解目标任务，牢牢把握长尾市场机遇，聚沙成塔带动整体收入提升。要一如既往重视下载，通过优质的内容传播和活动开展，带动提升南方+在基层的下载量，同时继续做好“三高”人群的精准下载，想尽办法让党政领导干部都下载南方+、看南方+，努力提升日活和流量，提升南方+在区域市场的影响力。二是探索实行常驻制。江门分社已实施“常驻制”，每个区县安排专人负责，在工作日常态化驻点。我们要深刻认识到下沉是长期策略，不单单是频道下沉，人员也要下沉。蜻蜓点水般在当地停留，建立不了人脉，对当地发生的事情了解不深。各分社、记者站可充分借鉴江门分社的做法建立常驻制，使人员充分融入区县当地，同时，总部要做好考评配套服务工作。要通过常驻制提升南方+在县区市场的深耕力度，为区域共建频道传播力建设带来新动力。三是进一步拓宽合办频道发展路子。积极探索县级融媒体托管运营新模式，县级融媒体中心验收标准之一是要有App，我们的合办频道已实现首页化，就是一个现成的App。各分社、记者站在探索县级融媒体托管运营新模式时，要将合办频道和托管县级融媒体中心一并考虑，要认识到合办频道是省委机关报和各地县委、区委合办的机关频道、机关端，是各地县委、区委基层治理的重要抓手，以推动合办频道发展再上新台阶。

建设新型主流媒体要抱持“长期主义”

媒体融合发展作为国家战略推进有年，全国主流媒体各自发力，建成了一批具有强大影响力、竞争力的新型主流媒体。南方+客户端作为其中先锋，发展路径独特，建设成绩亮眼，综合实力位居全国前列。但在连续多年的快速发展后，我们有些人开始显露疲态。2022年初，我们发出坚持“长期主义”的动员令，要求大家始终对准传播力建设这个“城墙口”冲锋，全力把南方+建设成为高水平新型主流媒体。

今天的南方+已初步建成新型主流媒体。

一是内容供应丰足。南方+是平台型媒体，不设单独的采访队伍，内部以南方日报采访队伍为骨干、依靠南方日报和集团其他媒体的采编队伍进行原创内容生产，对外聚合广东多家机构入驻7000多个南方号进行权威信息发布，更与全省各地党政机关、企事业单位合作共建超过400个频道，大量生产当地人要看、爱看和本地发生的新闻资讯。2021年，南方+年发稿量已超过百万条，端内总流量数以十亿计，内容分发全网后流量过百亿。图文、视频、直播、创意推文等更具互联网传播特质的产品爆发式增长，2021年日均推出短视频450余条、直播10多场。精品、爆款层出不穷，传播深度达几十层、跟评成千上万条的推文不断涌现。

二是用户海量聚合。人民网研究院发布的《2020全国党报融合传播指数报告》显示南方+的下载总量超过3.1亿（统计自11个安卓应用商店）。根据艾瑞咨询调研数据，南方+日活超过600万，近八成用户平均每天至少使用1次南方+，其中重度使用者（平均每天使用5次以上）比例达27%。而在用户使用时长方面，近七成用户单次使用平均时长在15分钟以上。用户平均年龄32岁，具备高素质、高影响力、高消费力“三高”属性人群的占比超过半数。

三是技术支撑有力。南方+技术能力强大，对平台的技术支撑和赋能能力突出。拥有独立知识产权的南方智媒云系统涵盖内容生产、经营服务、运营管理“三大业务平台”和业务、数据、技术“三大基础中台”，包括200多个子系统和服务，可以支撑亿级用户使用。大数据和人工智能技术贯穿策、采、编、审、发、评、馈全流程。技术研发应用能力位居全国主流媒体前列，荣获“王选新闻科学技术奖”一等奖等。

四是服务价值显著。除了为用户提供新闻资讯，南方+还不断提升服务能力，打造了融入区域发展、参与基层治理、服务社会民生的活动体系和运营场景，形成了调研、智库、党建、展陈、物流等多个重点项目，带来了可观的增值收益。商业服务的品牌主要覆盖汽车、家电、金融、通信、地产、教育、3C、电商、医药、美妆等多行业的头部企业。

五是营收节节攀升。在南方日报多年保持营收平稳不降的同时，南方+的营收从2016年的1000万元，到2017年突破3000万元、2018年实现1.2亿元、2019年跃升为2.12亿元，再到2020年超过2.67亿元、2021年近3.17亿元、2022年达到4.28亿元，年年攀升，势如破竹，8年来累计利润超过4.5亿元。这样的营收能力在全国都是不多见的。

在南方+建设取得一些成绩以后，有些人出现了疲态和懈怠苗头。主要表现在三种心态上：

一是觉得烦了。整天讲南方+，讲了几年了，耳朵都长茧了。我告诉大家，集团党委重视南方+，不是因为南方+重要，而是因为传播力重要。这个阵地不管是叫“南方+”还是“南方×”，实际上都承载着传播力重任。要有强大的传播力就要有强大的传播阵地，而阵地建设不可能一蹴而就、一劳永逸，不断迭代升级是常态。我们做传统媒体时，将主要精力放在产品策划、内容生

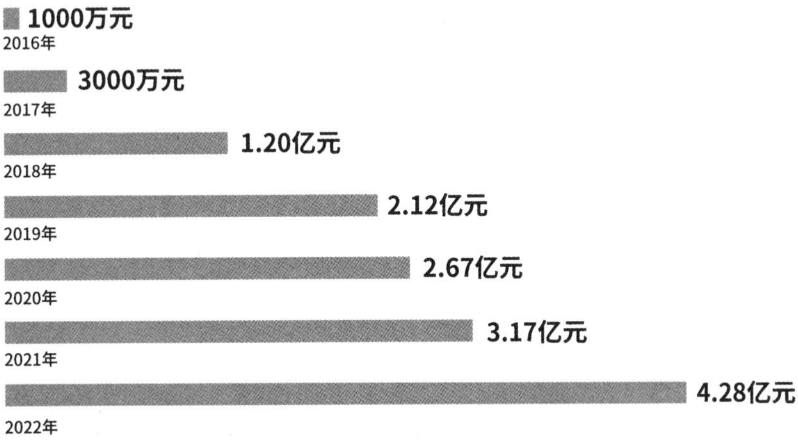

南方+客户端年度经营收入

产中即可，不用太过考虑阵地建设问题、传播问题。纸媒很火的时候，办一家报纸，只在初期投入精力搞搞发行，之后靠搞好内容来提高发行量、吸引广告投放，就能过上好日子。但今天，移动互联网时代，“打法”变了。阵地要不断迭代，用户要持续拉引，传播要精准到位，服务要丰富便捷。阵地若建不好，有好内容也传播不出去，没法对现实人群产生影响力，那还谈何履职尽责、干事创业？

二是觉得差不多了。主流媒体办的客户端建设得比较好的并不多，南方+每年营收有三四亿元，大家与有荣焉。有的同志感觉可以松口气了。那不行，现在离安全线还远。南方+现在只能算是低水平的新型主流媒体，还不是高水平的，还没有真正成为广东第一媒体。如果南方+日活超过800万、营收超过5亿元，那可以算是“中等水平”；如果日活超过1000万、营收超过10亿元，那才算是高水平，那时候才能松口气。现在如果不乘势而上、加快推进，就可能半途而废，那是非常可惜的。这几年大众的阅读习惯总体形成了，多数人通过微信（朋友圈、群聊、公众号）、商业平台、微博、抖音、快手等获取信息，头部客户端呈高度聚集的虹吸效应。但我们还有空间。因为大众对主流、权威声音的渴求还在。这也就是说，人们获取信息的习惯已经形成但还不稳固，对主流声音的渴求为我们留下努力的空间。我们要趁这个机会去影响更多的主流人群和非主流人群。这也是党中央大力推进媒体融合发展、持续强调要打造一批具有竞争力的新型主流媒体的根本原因所在。

三是觉得难了。好做的都做了，剩下的都是不好做的。确实，南方+建设到了瓶颈期、平台期，下一步的拓展要花更大的力气。体制机制要优化，生产流程要改进，产品思维要更新，总部资源要下沉，都是难啃的骨头，但千难万难，我们也要干下去，推动南方+尽快从低水平新型主流媒体向中等水平迈进，早日建成高水平新型主流媒体。

我们在2022年南方+第一季度建设推进会上，旗帜鲜明地提出建设新型主流媒体要抱持“长期主义”，不能小胜则满，更不能改弦易辙。要办个客户端很容易，但要办得好很难，办得好又有人看难也哉，办得有人看还有经营收入那是难上加难，办得有收入还有利润那是“蜀道难”。但南方+做到了，不仅活下来了，而且活得还很好，非常难得，只是，走过了千山万水，也还得跋山涉水。有专家指出，胜利分三种类型：机会主义者只能得到暂时性的胜利，实用主义者会获得阶段性的胜利，长期主义者才能赢得持续性的胜利。的确，我们现在是好做的都做了。但若过于看重眼前利益，没有长远的眼光，习惯了赚快钱，就可能成了短期主义、流寇主义。通常而言，做短期可见到利益的决策容易受到支持拥护，做长期有利而暂时无利的决策，会有争议或遭受抱怨，过程也容易三心二意。现在南方+已可见长期有利，短期也有收益，只是，要持续推进、向下扩容的难度不小。我们要坚定地做难而正确的事，积小胜为大胜，从量变到质变，由寻常变非常，一步一个脚印建设好南方+，让党和政府得益，让社会得益，让用户得益，让集团得益，让员工得益。

抱持“长期主义”，就要坚持建设传播力。传播力是一家媒体最根本、最基础的能力，传播力建设好了，经营、拓展、服务才有所依附，没有传播力就没有一切。以前南方报业名满天下，就是传播力建设得好。我曾说过，进入互联网时代后，我们原有的发展路径遇到了挑战，面临三大矛盾需要解决：一是互联网信息的汪洋大海与集团传播力不足的矛盾，传统纸媒能承载的信息只是沧海一粟，毫不起眼；二是人民群众对权威信息的强烈需求与集团新媒体不能满足其需求的矛盾；三是集团内容生产能力强大与传播能力不足的矛盾。这些年，我们以提升面向互联网的传播力为首要任务，加快建造南方+这艘“媒体船”，做强了采编实力、覆盖能力、技术支撑力、传播效力，成果有目共睹，三大矛盾有所缓和，但还远远不够。我们要始终对准传播力建设这个“城墙口”冲锋，坚持做大做强南方+，一年如此，八年如此，今后还是如此。同时，作为坚持“长期主义”的一个重要举措，南方报业更要深入实施下沉策略，推动南方+建设的重心不断下移。

享受胜利果实的未必是我们这一代人，但我们要一棒接着一棒干下去，扛过开拓的艰辛，熬过深耕的劳累，最终达成愿景——将南方+建成高水平新型主流媒体。

不是所有客户端都能成为主流媒体

客户端有很多种，但不是所有客户端都能成为新型主流媒体。

新型主流媒体首先必须是“媒体”，承载信息传播、价值传导、文化传递等功能，其次必须是新型的、移动的、主流人群认可度高的。比如，“粤省事”是全国用户量最大、服务集成度最高、活跃度最热的省级移动政务服务平台，虽然流量非常高，但是其只提供服务，并没有信息传播功能，也不能叫媒体。

新闻类客户端也未必都是主流媒体。即使是新闻单位办的客户端也不一定是媒体，因为首先要对现实人群有影响才叫媒体。主流媒体要有真实的影响力、广泛的传播力，在主流人群中的接受度高，并且能提供多元应用服务。

2022年底，南方+建成发稿量超百万、营收超4亿元的新型主流媒体。经过八年多的打造，南方+有了骄人的成绩，下载量、日活、流量、发稿量、营收力、用户构成等都有相当好的表现，聚集了海量用户，日活超600万，全年流量数十亿、用户参与评论200多万条，肯定算是新型主流媒体了；尤其营收超4.28亿元，还有较高的利润，从全国来看也很了不起，稳居主流媒体所办移动端第一方阵，当然算是新型主流媒体。

做好几个“端出”

南方+建设取得的优异成绩，大家有目共睹。这既有生产侧的贡献，也有播出侧的功劳，亦有技术侧的付出和运营侧的汗水。寄望新的一年，我们要努力做到几个“端出”。

一是要端出“好菜”。做新闻，首先内容一定要好，内容永远都是第一位的。不仅要做到“多快新近实”：“多”指的是作品丰富、题材多样，“快”指的是快速、唯快不破，“新”就是要新鲜热辣，“近”就是贴近用户，“实”就是有实用价值，更要端出“好菜”，既有质量又有流量。生产端，包括各个采访部、记者站、分社等要多采购“好菜”，提供好的素材、好的“食材”，四大编辑部（南方+传媒中心、南方日报要闻编辑部、南方日报珠三角频道编辑部、南方日报地方频道编辑部）才能炒出“好菜”，其中南方+传媒中心要发挥好统筹作用。这些“好菜”不完全来自生产端的原创，还包括版权置换的稿件、南方+自主生产制作的优质产品、集团各媒体的优质内容，以及开放生产的优质内容等。播出端对播出什么内容要有主导权、决定权，要介入生产侧。只要符合南方+调性和用户需求的稿件，就可以多上快上；反之，不上。不能生产端给什么，就发什么。故此，编辑部门、播出侧要提高素质，提高业务水平。2022年，南方+的内容生产情况喜事连连，体现在：评论数、点赞数大幅增长；头部流量更加集中；直播和活动拉动下载的效果很是喜人，总下载量增加较多；原创稿件流量在增加；客户端打开的流量也在增加；主题宣传报道流量也高；日活和端内总流量涨得比较厉害。我们还要进一步研究、满足、留住我们的用户，流量才会越来越高。同时也要做好稿件的营销，在提高流量的同时继续拉动下载。

二是要端出“优相”。品相，往大里说是南方+的端品、端相；往小里说是每屏的品相、每条稿的卖相。要端出优相，包括大的端相、屏相，也包括稿子的卖相、视频的卖相。我们有一些稿件的呈现方式是很传统的，语言都很陈旧，“文章硬似铁，读来满口血”，硬邦邦的，用户哪有兴趣看？有一些稿件太长，客户端的阅读，除了“深读”这些完全靠内容的张力取胜的文章外，一般的新闻资讯不要太长。要从有利于提升传播力的角度，考虑从细节和内涵上提升品相。

三是要端出“善技”。善技的“善”，一是有好的意思，二是有与人为善的意思。所以，一方面我们要有好的技术；另一方面是技术要友好，尽量满足内部用户和外部用户的需求。包括用好ChatGPT、“文心一言”等新技术。南方智媒云要继续加强技术支撑和赋能，让集团各媒体了解、掌握、运用南方智媒云。南方智媒科技公司要与各媒体密切沟通，了解有关需求，主动解决问题。各媒体要更加主动用好集团内部技术服务。

四是要端出“豪客”。豪客，一是指我们作为“用户端”，要有豪华阵容的用户，有越来越多的用户，就是下载要多，日活要旺，流量要高，使用的人多多益善；二是指我们还是“客户端”，要有豪华阵容的客户，最好有大客户，有“土豪级”的客户，当然长尾客户肯定占绝大多数，所以要做大头部、做壮腰部、做长尾部。我们首先是“用户端”，第二才是“客户端”，用户越多，客户才能更多。2023年，日活要达到680万，营收要突破5亿元。

五是要端出牛人。要做到事业与人才共长。不管是内容团队、技术团队、运营团队，还是经营团队，都要人才济济，有很多“达人”“大家”。我们从事的是内容生产传播工作，属于创意劳动、精神劳动，牛人多多益善。我们要不断补充新鲜血液，吸引这些人才过来，同时也要留住这些人才，用好这些人才。

六是要端出“佳酿”。经营方面，要不断有“佳酿”呈上来。2023年，南方+收入要在去年的基础上增加1亿元，达到5.28亿元。年年难过年年过，别人难，唯愿我们不难，形成马太效应，强者恒强。我们要在策略上保持定力，要有自己的打法，有格、有品，做出品格、质量、流量，不要自降其格。

三　事业与人才

【观点】

人才是南方报业的宝贵资产。提拔重用干部，我们既论功行赏，也论资排辈。

【概要】

南方报业最珍贵的资产有两项：第一项是人才，第二项是传播力。集团事业蓬勃发展的同时，涌现出一大批人才，有内容、技术、经营、行政、管理等方面的，源源不断，生生不息，成为集团的宝贵财富、珍贵资产。

在提拔重用干部时，我们既论功行赏，也论资排辈。只要是能力突出、经验丰富、敢打敢拼者，就能脱颖而出，各施所长，美美与共。

我们还创新实施了南方名记培育工程，健全全媒体条件下的人才选拔机制、激励措施和薪酬政策，鼓励、扶持、培养年轻人在新媒体舞台发挥聪明才干、成长成才成名。几年下来，一批全媒型、专家型人才集中涌现，带动形成一批思想活跃、业务精湛、勇于创新的融合精英，推动南方报业走向深度融合，新闻品质不断提升，新闻传播力不断增强。

南方报业最珍贵的资产：人才和传播力

南方报业最珍贵的资产有两项。

第一项就是人才。在集团事业蓬勃发展的同时，一大批内容、技术、经营、行政、管理等方面的人才涌现出来，络绎不绝，成为集团的宝贵财富、珍贵资产。

人才的成长，得益于南方报业留人用人的良好土壤。前几年，不少人才流了出去，星散各行各业，但更多的人才留了下来，一茬又一茬地成长、成才、成名、成家，成为南方报业的栋梁之材。尤其是在南方名记培育工程的带动下，大批80后、90后青年才俊不仅成了业务中坚，还走向了管理岗位，成为科级、处级干部，也带动了更多年轻人勇挑重担、争当先锋。据不完全统计，集团80后处级干部占广东宣传文化系统的一半；在业内的职称评审中，南方报业的参评者也展现出强大竞争力，以优秀的业绩高票通过的比比皆是；南方报业各媒体在中国新闻奖、广东新闻奖等业务评奖中频频得奖，荣誉无数；南方报人在长江韬奋奖、金枪奖、金梭奖等人物评选中也屡屡高中，实至名归；获得全国文化名家、“四个一批”人才、青年英才，以及广东“特支人才”等称号的优秀人才亦纷纷涌现。他们不是天生就比别人跑得快，一方面是自己付出了艰苦努力，另一方面也是集团给了宝贵机会，让他们在舞台上、聚光灯下施展才华、大显身手。正是因为集团给他们提供了履职尽责的平台，干事创业的舞台，他们才有了用武之地，才能尽展才华，放射出熠熠生辉的光芒。也正因如此，集团每年的校园招聘都吸引上万名应届毕业生前来应聘，社会招聘的吸引力也很强，他们在这个熔炉里得到锻炼、迅速成长。一方面是事业得到蓬勃发展，传播力得到极大提升，新型主流载体建设初告建成；另一方面是人才辈出，人才队伍源源不断，络绎于途，可谓是事业与人才鸾凤和鸣。

第二项是传播力。南方报业七十多年来特别是改革开放以来，通过实施多品牌战略积累了很高的传播力。传播力由四个方面构成，一是采编实力，二是覆盖能力，三是新媒体的技术支撑力，四是传播效力，这些都是我们的看家本领。作为媒体集团，我们始终坚信，没有传播力就没有一切。

既论功行赏，也论资排辈

我们始终秉持，人才是第一资源，是事业发展的根本保障，投资人才就是投资未来。这些年，南方报业始终坚持以人为本、以人才为宝，牢固树立“宝贝人才”意识，不断优化人才激励机制，畅通人才流通渠道，将重视人才、关爱人才、宽容人才的举措全面融入人才选育管用各环节。

我们坚持在一线锻造人才、培养人才，深入开展增强“脚力、眼力、脑力、笔力”教育实践，拓宽服务领域，为各类人才搭建干事创业的大舞台。

我们创新人才培养方式，创新推出、优化实施南方名记培育工程，全面开展全媒体技能培训，一大批全媒体采编、运营精兵脱颖而出，成为推动集团改革发展的中坚力量。

特别是在集团的人才梯队建设上，我们提拔重用干部时既论功行赏，也论资排辈。只要是能力突出、经验丰富、敢打敢拼者，就能脱颖而出，各施所长，美美与共。论功行赏，是在以德为先的基础上，侧重看业绩，而不以资历、年龄评判，并向一线部门倾斜；论资排辈，看重四个“资”，即资历、资格、资质、资望，尤其是一些总部部门，往往需要“老成谋国”者才能“镇住场子”，做到人岗匹配。

为了顺应新媒体时代发展趋势，我们将优化人才结构作为融合发展、转型升级的重要驱动力，改变了传统媒体人才结构单一的局面，建成一支充满活力，具有强烈的用户意识、创新意识、产品意识、市场意识，适应转型发展的全媒型、专家型、复合型人才队伍。

南方名记培育工程的三方面考虑

2016年10月，南方报业启动南方名记培育工程，很快就在业界引起关注。其中很重要的一点是，我们率先将中央领导同志提出的培养“全媒型、专家型人才”要求作为一项工程来落实。以往说到名记，往往是在事后评价，至于名记是怎么培育出来的，实操经验并不多。

南方名记培育工程的实施出于三方面考虑：

一是为南方报业加快融合发展培育新的生力军。以移动互联网为代表的新兴媒体迅猛发展，新闻业发生革命性变化。南方报业面临着刻不容缓的改革要求和转型任务，而这个阶段，也正是呼唤人才、造就人才的关键时刻。公开遴选名记培育对象的过程，就是寻找引领南方报业全面深化改革生力军的过程，是我们向媒体融合发展发出新一轮进攻的动员令、冲锋号。

二是为新媒体拳头产品提供新的优质内容。新媒体平台需要新的内容生产方式，产生新的优质内容，形成新的服务能力。过去那种将纸媒作品往新媒体搬运，或者稍稍改写即可的方式，完全不能适应新媒体发展需要，所以要进行供给侧改革，以便为南方+等新媒体拳头产品提供优质新闻产品。我们培育名记，打造“主流网红”，就会有更多读者转为黏合度极高的粉丝，增强彼此互动、沟通，无论对于新媒体平台还是记者个人，都很有意义。

三是为有特长、有潜力的年轻人探索新的成长模式。在媒体平台不多的时候，有的记者靠几篇报道就能“一举成名天下知”，在现阶段各种媒介层出不穷的传播环境下，记者想扬名已大不易，个人作品往往淹没在内容的汪洋大海中。年轻记者对成长的渴求并没有变，也不应该变；媒体要更加尊重采编人员个体的劳动和创造，对能力突出的年轻人更要给予倾斜培育，给更多机会，压更重担子。在自媒体大潮下，有不少优秀记者开始辞职自己做自媒体，进行内容创业。与其让优秀的人才离开，不如主动作为、变堵为疏，为有特长、有潜力的年轻人探索新的成长模式、提供新的成长舞台。

实施南方名记培育工程，其目的就是激励更多创新人才脱颖而出、更多创新项目不断涌现，在南方报业形成百舸争流、千帆竞发、干事创业的良好氛围。

名记是“三优”建设的先锋队

传统媒体转型难，难在三个方面：一是缺乏能娴熟生产适合新阅读习惯的优质内容的能力，二是缺少具备全媒体策划运营能力和优质内容生产能力的领军人才，三是匮缺一个广覆盖、大影响的新媒体自有平台。

因此，我们要转型成功，必须打造“三优”：一是要培养优秀人才。我们以南方名记培育工程为抓手，培养了一批又一批的优秀人才，一波接一波，一浪高一浪，生生不息，滔滔不绝。二是要生产优质内容。有了人才就要生产适合在客户端传播的优质内容，源源不断地传播主流思想与价值。三是要打造优越平台，比如南方+，去影响主流人群，成为优秀人才干事创业、展现才华的舞台。

重塑我们南方报业的核心优势，就要从这三方面入手，加大优质产品、优秀人才、优越平台建设步伐，“三优”缺一不可。

南方名记培育工程遴选出来的名记培育对象，正是集团“三优”建设的先锋队。

在生产优质内容方面，各位培育对象在报刊网端微各种媒介中大展拳脚，生产的优品、爆款很多。以往正面宣传的作品阅读量达到数万就算不错了，现在南方+的数据统计表明，10万+、

50万+的正面宣传作品已是习以为常，100万+、上千万的爆款作品也不少见。有别于那些流量网红生产的文章，名记们的产品以强烈的正能量和高昂的主旋律为显著特征，围绕中心、服务大局是作品的生命力所在。所以，有人评价南方名记是网红界的一股清流，我是很认同的。

在培育优秀人才方面，大家写稿子、拍图片、玩直播、做主持、做编导，不断尝试全媒体“十八般武艺”，成长速度飞快，大大缩短了优秀人才培育周期。这些都是我们做平面媒体时所不可能达到的。

在构建优越平台方面，南方+客户端是集团实现全面融合转型的重要阵地和主要战场，内容主要来自三个方面：一是抓取或置换的权威媒体的稿件和其他媒体的可读性强的稿件，二是集团各媒体记者生产的原创产品，三是南方号等开放生产的内容。后两个方面，我们的名记培育对象倾注了大量心血，提供了强大的原创内容支撑。正是由于大家的努力，现在南方+在主流人群中的接受度越来越高，影响力越来越大。

可以说，南方名记为集团“三优”建设立了大功。

南方名记培育工程的三个突破

实施南方名记培育工程是南方报业史上的首次尝试，可以说开了名记培育工作的先河。其在三方面实现了突破。

一是打破了选人用人的常规。2015年前后，媒体变革风起云涌，融合发展百舸争流，我们比历史上任何时期都更渴求人才。我们打破常规、打破平衡，不拘一格用人才，无论是70后、80后还是90后，无论是科级干部还是普通记者、编辑，无论来自党报、都市报还是新媒体，都有资格站在同一竞选演讲台上，以专业能力一拼高低。这个公开遴选活动并不是评先评优活动，评选出来的首批15名培育对象并非传统意义上业已“功成名就”的名记，而是平均年龄34岁，在政经、教育、医疗、军事、“三农”等领域具有明显传播营销优势和专业特色鲜明、具备较好培育潜力的青年才俊。我们还摒弃“一朝入选、终身荣耀”的做法，每年年底进行考核评估，不达标者取消南方名记培育资格。

二是重新定义了名记的标准。在以往纸质媒体风行的时代，名记更多的是“纸红”，其施展的舞台在纸质媒体上。当前，用户阅读习惯已经转向移动端，我们对名记提出了新的更高要求，既要做“纸红”，更要做“主流网红”，善用现代传播手段，会使“十八般兵器”，在传统媒体和新媒体领域都要具有较强社会影响力、权威性、不可替代性。我们给名记定义了三个标准：一要有“颜值”，朝气蓬勃，活力四射；二要有素质，有较强的专业媒体素质、新媒体应用素质和服务用户素质；三要有气质，腹有诗书，心有用户，肩有担当。我们寄望，名记一要做深耕主业的尖兵，成为内容生产传播的行家里手；二要成为开拓创新的尖兵，带头创新新闻理念、内容、体裁、形式、方法、手段；三要成为融合发展的尖兵，创造性地生产优质全媒体产品。

三是改变了传统报人单打独斗的工作模式。以往的名记大多是“写手”，以“个体户”的面貌出现，我们将这种单干模式演变成团队作战模式，实行南方名记工作室制度，带动形成一批灵活作战的创新团队。

名记不是评出来的，是打出来的

请大家记住这七个字：名记是打出来的。我们这项工程叫“南方名记培育工程”，入选者是名记培育对象，还未必是名记。名记不是评出来的，是打出来的。入选了名记培育名单，就意味着挑重担、吃大苦，对此大家要有充足的心理准备。如果培育了两年、三年都还不能成长，不能挑起骨干重任，这不仅是你的失败，更是这项工程的失败。

你们要有自我期许，要有名利双收的期待。报社也对你们寄望甚殷，主要在下面三点：

一要明确方向，争当融合尖兵、转型标兵。对自己想干什么、能干什么、怎么干，要有清晰的判断和规划。要解放思想，挖掘潜能，突破自我。名记就是要做转型融合的尖兵和标兵。所谓尖兵，就是冲在最前面，成为你所在领域的领跑者；所谓标兵，就是成为样板，带动其他人向你对标看齐。前几批名记培育对象中，有部分同志始终对自己的角色定位不是很清楚，东一榔头西一棒子，缺少全局研判，缺乏长远规划，忙于局部应付。这样的话，不管再过多少年，也达不到尖兵和标兵的目标。

二要主动作为，勇于突破障碍、闯出新路。南方名记培育工程是新生事物，既是新生事物，就需要有人主动探路，革故鼎新，逢山开路，遇水搭桥。大家处于采编生产一线，碰到诸多体制机制障碍，包括团队激励问题、考评问题等，如果是共性问题，我们就用制度来解决；如果是个性问题，那只有靠各位去探索、去突破，发现问题提出解决方案，和管理层一起突破解决。不要坐等，要主动解决问题，解决不了就找媒体所在的服务组，找总编辑。

三要积极担当，敢于头雁领航、示范争先。一枝独秀不是春，集团倾斜培育名记，除了希望个人能快速成长成名，更重要的是希望名记培育对象能起到领头雁的作用，做好引路人，头雁领飞，群雁齐飞，引领一批青年才俊娴熟掌握新媒体生产传播本领，以点带面推动集团全面融合转型。团队怎样进步、积极性怎么激励、酬劳怎么分配，这些都要积极探索，形成规范，解决瓶颈问题。

一人一策、因人施策

培育南方名记的过程，实际上就是鼓励支持创新创业的过程。媒体是一个高度细分的职业，不同的记者有各自不同的擅长领域，有的人深耕政经新闻，有的人精于评论写作，有的人坚守区域板块，有的人擅长垂直领域……纵然身怀“十八般武艺”，却往往只有一招“必杀技”。

由于每位培育对象各有所长、主攻方向不一，需要的支持和培育的措施也就不可能完全一样，所以既不能按照传统纸媒模式培育名记，也不能完全按照“全才”模式培育名记。在不断广泛听取意见、集思广益的过程中，我们形成了“一人一策、因人施策”的独特培育办法，为每一位培育对象量身打造个性化培育方案，鼓励他们成为各自领域不可或缺的领军人才。

在工作重点上，要在五个方面取得突破。培育对象在完成原承担工作的基础上，以全媒体融合为核心，集中精力抓重大题目、项目、栏目、节目、产品。重点在如下五个方面：一是经营有影响力的深度报道题目或栏目，特别是调研性报道、监督报道栏目；二是打造垂直领域栏目；三是推出全新节目或栏目；四是运营重点项目；五是开发线下智库产品。

在工作机制上，允许培育对象“点将”组建工作室。工作室原则上设在培育对象所在部门，可根据需要跨媒体、跨部门抽调摄影摄像、直播、新媒体制作、动漫设计人才等组成虚拟团队。为激励工作室团队，可适当提高团队成员第二署名者的基本分、等级分；培育对象拥有更灵活的自主支配业务和分配利益的权力，可以视情决定酬劳分配事宜，在考评上有话语权。培育对象所在部门领导在项目规划、资源调配等方面全力予以支持。

在宣传推广上，重点推介个人和作品。可在集团的重点报刊网端开辟专门栏目，统一标识，形成品牌，制定“全员营销”机制，全员集中转发名记优质内容，以“水波纹”的速度传播出去。

在考核奖励上，鼓励“跳摘”、宽容失败。既鼓励创新、奖励先进，也允许试错、允许失败，以此形成全面创新改革试验的良好氛围。比如，我们给每一位培育对象每月相对固定的薪酬保障，让其从日常琐碎事务和“计件工资”中适度解放出来，着力经营优势项目、品牌栏目、重大题目、重要节目、智库产品。在完成每月基本任务、取得固定薪酬的情况下，根据年度重点任务的质量、影响、成效等，在年底由编委会综合评出四档进行考核奖励。其中第一档次标准较高，必须跳一跳，才能够得着，由此产生激励和引导作用。后来更进一步，一人一策，实行年薪制，名记培育对象给多少“好货”，报社就给相应的报酬，高者达五六十万元。

总编辑挂帅名记服务组

各媒体要高度重视名记培育工作，对此，我提两点要求：

一是拿出切实措施做好名记培育服务工作。在具体操作上，各媒体要结合实际积极探索，比如在培育方向上，不一定都朝“网红”这个概念来做，可以朝着中央领导同志要求的“全媒型、专家型人才”方向努力，像南方农村报这样的行业媒体，就应该培育一批专家型人才。各媒体要正式成立由总编辑挂帅的名记服务组，一方面做好支撑保障、服务协调工作；另一方面做好业务碰撞、脑力激荡工作。因为名记培育工作没有先例可循，需要协调解决、探索摸索的问题很多，仅靠名记培育对象一个人左冲右突，效果有限，必须是组织行为、团队打造，解决好他们的业务瓶颈和后顾之忧。实话实说，前期大家对本部门名记的支持力度是参差不齐的，有的众星拱月、精心栽培，有的漠不关心、不闻不问，有的也就看个热闹。请各媒体负责人、各部门主任热情关心、全力支持名记工作。

二是共同建优建强南方+这个移动平台。“三优”中的优越平台，特指南方+。建优建强南方+，可使我们在未来还能保留媒体的话语权。我们讲“报网端深度融合”，这个“报”不只是指南方日报，“网”也不只是南方网，“端”呢，指的是以南方+为主体的移动端。所以，南方周末、南方都市报等媒体要转型，就要融入集团报网端大阵营来。只有将优秀人才、优势资源、优质内容尽快聚合到南方+上来，抱团取暖，集体出击，建优建强优越平台，才是融合转型的正道。

充分信任名记、热情关心名记、严格要求名记

我向各部门主任、名记服务组成员提两点要求：

一要全力支撑服务好名记培育对象。培育对象的成长成才是多方面共同努力的结果。很多人才机制，设计之初看似很完美，但就是因为配套支撑不到位，最后聊胜于无。对名记培育对象，我们规划了三个团队进行支撑。第一个在各媒体层面，成立了名记服务组，解决其业务指导、业绩考核、支持保障、服务协调等问题。第二个在部门层面，部门负责人要承担起对培育对象的业务碰撞、脑力激荡工作，积极帮助其规划发展方向，发掘特长潜质，解决业务瓶颈和后顾之忧。第三个是名记可以“点将”组建团队，实行名记工作室制度。其中，部门层面的支撑非常关键，一个培育对象成长得好不好，可以看出部门的扶持力度够不够大。部门主任要充分信任名记、热情关心名记、严格要求名记，帮助其成立工作室，督促其集中精力生产精品，动员部门力量进行内容营销，形成“众星拱月”的效果。

二要用好名记的带动作用，形成部门人才你追我赶的氛围。目前，南方名记还只是采编队伍中的特种兵，很能干，但数量少，不能满足集团融合转型的需要。各部门负责人要用好名记的

带动示范作用，鼓励更多的人才脱颖而出，形成数量充足、素质过硬的全媒化集团军，营造你追我赶的良好氛围。

近年来，集团全力推动主力军全面挺进主战场，全媒体内容生产成为常态。但正如我们的融合转型工作远还没到胜利终点一样，名记培育工作也不能有缓一缓、松口气的思想。名记的探路示范带动作用正旺，并推动在集团内部掀起了以名记为参照系的比学赶帮超的业务氛围，精神风貌为之大振。名记目前还只是一支不可或缺的新生力量，但仍比较单薄，不足以支撑集团融合转型的需要，集团迫切需要一大批适配移动互动网传播能力的人才，可谓期望甚殷，期待正殷！故此，我们要集中各方资源力量，继续大力实施南方名记培育工程，不断优化改进提升，不断培育大量有用之才、先锋之才、栋梁之才，使集团的事业能与人才比翼齐飞，此长彼长。

南方名记培育工程的“三个探路”

南方报业有两大珍贵资产，第一个是我们特有的传播力，第二个就是辈出的人才。我们于2016年起推出南方名记培育工程，想方设法为有特长、有潜力的年轻人探索新的成长模式，提供新的成长舞台。

南方名记培育工程得到了上级部门的高度肯定，我们提出的“要培育‘纸红’更要培育‘主流网红’”理念也得到了广泛认可。广东省委宣传部十分关怀支持培育“主流网红”，专此召开“南方主流网红”研讨会；从主管部门号召全省媒体学习借鉴等情况来看，这项工程是符合主流要求的；从社会舆论关注度高、各地媒体纷纷前来取经学习等效果来看，这项工程是符合当前媒体改革需求的；从各位培育对象交出来的亮眼成绩单、各媒体的年度考核结果来看，各位培育对象的表现是出色的，这项工程是适合我们南方报业融合转型实际的。

培育南方名记、打造“主流网红”的背后，是南方报业培育报网端深度融合新生态过程中，不断突破原有体制机制障碍的尝试和努力。时至今日，检视成果，我们认为，这项工程在人才培育、内容生产、薪酬考核三方面探路有成，破局作用明显。

一是为人才培育机制改革进行了积极探路。在原有的人才培育机制已难以满足全媒体生产需求的情况下，我们采用“一人一策”的办法，有效地培养了一批在融合转型大业中承担起“头雁”重任的全媒型、专家型人才。

二是为内容生产传播方式转型进行了积极探路。有别于传统的文图生产传播方式，这项工程引导培育对象在运用融合手段做活做亮正面宣传等方面进行了前所未有的有力实践。

三是为薪酬分配激励制度改革进行了积极探路。原有的“工分制”“计件制”，有着诸多与新媒体内容生产传播实际不相适应的地方。我们对这些培育对象实行“年薪制”，让他们从日常琐碎中解放出来，打造更多拳头产品与标杆项目，既见高原，更见高峰。

实践证明，南方名记已成为集团一张靓丽的名片，达到了“两个出名”的效果，一是记者个人品牌出名，二是集团机构品牌也出名。除了“出名”，各记者也取得了较好的经济收益，可谓“名利双收”。

第一，探路人才培育改革：有人进、有人出，保持队伍新鲜度。

在纸媒的黄金时期，南方报业不缺“纸红”，但如果照搬照套成功培育了“纸红”的机制来培育“网红”，显然不适配。新媒体人才不会从天而降，等不起、要不来，只能因地制宜自己培养，探索全新的人才培育模式。

一是严遴选、强退出。与传统的名编、名记、首席记者、首席编辑评聘制度不一样，我们摒弃“一朝评定、终身荣耀”的做法，而是一年一聘、严进严出。遴选时我们不搞论资排辈，不搞平衡照顾，不拘一格选人才，至2023年初，已分8批从各媒体中公开遴选了160多名具有突出能力和培养潜力的年轻人作为培育对象。南方名记每年年初全体起立，重新竞聘，最后通过投票确定新的培育名单，有人进、有人出，较好地保持了队伍的新鲜度和活力。

二是重培育、强服务。与传统的“大一统”培育方式不同，由于每个培育对象各有所长、主攻方向不一，我们的培育支持方式也不同，一人一策、因人施策，鼓励他们既展“一技之长”，也要“多才多艺”，成为各自领域不可或缺的领军人才。每个培育对象的背后，有两支队伍作强力支撑。第一支队伍是他们跨报网端“点将”组建的工作室，团队成员既可以专职，也可以兼职，包括文字、编导、摄影、剪辑、后期包装、动画制作、运营推广、市场开拓等方面的人员。第二支队伍是由记者所在媒体总编辑任组长，各相关业务部门、职能部门负责人组成的服务组。服务组一方面做好业务碰撞、脑力激荡工作，帮助记者们策划发展方向，发掘特长潜质，解决好业务瓶颈问题；另一方面做好支撑保障、服务协调工作，帮助名记们调配资源、宣传推广、计薪取酬，解决好后顾之忧。服务团队的高层级、高规格非常有必要，因为“网红名记”培育工作是新生事物，没有先例可循，需要协调解决、摸索的问题很多，必须是组织行为，而且也必须是总编辑亲自挂帅，才能有利于解决未尽事宜。

三是压重担、托重任。培养名记，就是要在年轻人稍显稚嫩的肩上压上重量恰当的担子，使他们形成职业的自驱力，头顶“网红名记”光环，肩扛内容创新大任，通过更多实践来增长才干、快速成才。

通过高强度锻炼，这批记者成长速度较快。相比传统人才培育模式，南方名记的成才周期大大缩短，潜能得到极大的挖掘。绝大部分培育对象成功实现了转型，从刚开始紧跟新媒体，到后来有能力去引领新媒体，破茧成蝶实现了嬗变。

第二，探路内容生产改革：发力融媒“无人区”和“高门槛区”。

有别于传统报纸以“天”为周期、以“版”为载体的内容生产模式，新媒体在时间上没有截稿时点，在题材上无边无际，在容量上海量发布，天地广阔，大有作为。南方名记培育对象要做的，是在这片广袤的蓝海中探索，并且重点发力于融媒产品的“无人区”和“高门槛区”，集中打造优品爆款，有效提升新闻舆论“四力”。

一是专注主业、制造爆款。将施展舞台从报纸向网端扩展，写报道、当主持、搞直播、录视频、做H5，围绕中心、服务大局，生产出了一批导向正确、特色鲜明、影响广泛的优品爆款。

二是一个“厨房”，全媒作业。从原来的“跑线记者”，转身成为负责一个领域的报网端报道、舆情产品、智库产品、专栏维护等各项目产品的“经理人”和制作者。一个“厨房”，一支“厨师队伍”，做出不同的“菜肴”，供各个渠道选用，这样的作业模式日渐成熟。

三是做强平台，做优原创。名记要以南方+客户端为主阵地，提供大量优质原创内容，让南方+成为主流用户获取新闻资讯服务的首选平台。

一个人走得很快，一群人走得更远。南方名记们带领工作室团队，带动更多采编人员更新理念观念，实现全媒体转型，投身于舆论引导的网络主战场。

第三，探路薪酬考核改革：从紧盯一条条稿、一件件事中解放出来。

在全媒体时代，传统媒体实行多年的按件打分、按分计酬的薪酬考核办法不灵了。

制作一档多集的视频产品怎么计酬？经营一个客户端专栏怎么考核？怎样激励记者到新闻现场后，又写消息，又写深度报道，还要拍视频、做H5，或者写内参？薪酬分配制度改革在总体改革中难度最大、最为复杂，因此探索新的更加科学公平合理的薪酬考核制度也就更有意义。我们从南方名记培育对象入手，先后试行了两种考核办法。

第一种方式是固定月薪+年度奖励的办法。即给每位培育对象制定了月度任务和年度任务，让他们从日常琐碎事务和“计件工资”中适度解放出来，每月有相对固定的薪酬保障，到年底再根据年度任务完成的质量、影响、成效等，给予不同档次的奖励。

第二种方式是年薪制。从2018年开始，所有培育对象实施年薪制——年初协商好各自的年薪，对应确定年度任务，到年底进行数量、质量、流量等方面的考核，完成任务则给予100%年薪，未完成则依次扣减。实行年薪制的目的，就是希望名记从紧盯一条条稿、一件件事中抽离出来，从“做事”向“做成事”转变，集中精力经营转型融合的优势项目、品牌栏目、重大题目，释放创造力，生产更多精品力作。

对比这两种方式，虽然第一种比原有的按件计分、按分取酬有了一定的改进，但依然存在不够合理的地方。全媒体时代，实行第二种“一人一策”的年薪制是大势所趋，目前已逐步在全体采编人员中推广实施。

名记要成为怎样的人？

南方名记培育工程的实施已有几年了。入选南方名记培育名单，是亮闪闪的荣誉，更是沉甸甸的责任。做名记有代价，其必然要走出舒适区，流大汗、吃大苦，“脱一层皮”，将自己的专业思维、视野、能力提升几个能级，拿出真本事、好作品来说话。希望入选者加倍珍惜进入“熔炉”的机会，把这当作脱胎换骨的初始，为梦想奔跑，最终实现成长成才成名。

集团对大家寄予厚望，希望你们成为这样的人：

一是融合尖兵、探路先锋。“尖兵”就是走在队伍最前面、为大部队探路突击的先头部队。近年来，集团融合改革步伐迈得大，新媒体精品数量成批涌现，南方+建设取得重大突破，报网端的传播力、影响力、营收力达到历史最好水平。这是多方因素共同努力的结果，其中非常重要的一点，是南方名记培育工程发挥了探路和破局的重要作用。当然我们的改革成绩跟自己比有不小进步，跟国内很多主流媒体比走得快些、走得好些，但跟中央和省委的要求比，跟重点央媒和大商业平台比，还有很大差距，需要各位付出辛勤努力，继续探路、奋勇突击，为集团融合转型作出更大贡献。

二是原创主力、精品主厨。南方报业的主责主业是办好媒体、做好内容生产传播，巩固壮大主流思想舆论。内容是我们通往人心的唯一钥匙。当前传播平台越来越多、媒体形态越来越丰富，但内容仍然是构成媒体传播力的源头活水，优质原创作品越发显示出其稀缺珍贵的特性。培育名记的目的，就是要在原创方面拿出叫好又叫座的优质作品。目前南方+客户端上的现象级产品都是原创产品，那些转载的，即便是全网热点，在南方+的流量也并不很高，除非经过我们自己二次加工。这说明我们的原创生产一旦新起来、快起来、优起来、活起来，适应了新环境、新要求，是完全可以推出正能量爆款优品的，对此我们要有信心。

三是表达前驱、呈现高手。南方+客户端是各位培育对象的新阵地、主战场，名记们必须全面提升面向客户端的表达能力、呈现能力，生产出更多更具移动互联网传播特质的产品。一要做表达创新的表率。希望大家成为表达的“多面手”，能写、能拍、能出镜、能制作、能唱歌，“十八般武艺”般般在手，应有尽有，活力四射，专业一流。我始终认为文字是最高级的表达，文字的穿透力、表现力是别的表达方式无法替代的，大家还是要在写作上多下功夫，文字要力求精短洗练、雅致鲜活，不要枯燥晦涩、太长太“硬”。二要做呈现创新的表率。多运用接地气、网民喜闻乐见的方式呈现内容，要注意内容与形式相统一。现在南方+内容的呈现手段变多了，从纸媒时期单一的图文，到现在的图文、视频、H5、条漫等，这是好事。大部分转得很不错，但有些却转过了，比如一段文字就能说清楚的却非要加一段视频，有视频不等于转型了、创新了，形式太过花哨，就削弱了内容的张力。多样化呈现手段如视频、H5等当然是需要用的，但要用得恰到好处，不要为用而用，过于花哨。三要做内容营销的表率。优质的内容生产和良好的传播运营相辅相成，营销能力成为提高传播效果、实现商业变现的关键能力。全媒体记者与传统媒体记者最大的不同之处在于，作品完成和发布只是第一步，后面还有运营传播、收集反馈等工作，这才是完整的工作链条。希望大家在内容营销上多花心思、多挖潜力，不要仅仅“躺”在客户端自身的流量上。

四是人品无碍、文品有型。要成为名记，必须通达自在、大节无亏。越是纷繁浮躁的时代，越要沉下心来，心存敬畏，宁拙勿巧，宁朴勿华。在不违反“人品”底线的同时把“文品”当成最高目标，追求有型有格，导向正确，美而不俗，精而不陋。希望大家人品文品两全其美、相得益彰，成为楷模。

身内之物、身外之物、身上之物

名记们要有两个“收获”：

第一个是“身内之物”的收获。所谓“身内之物”就是要把自己的本事练好，把本领提高，成长起来，这是最大的收益。你要成才、成长，就要把自己的才华、能力“逼”出来，就要对自己“狠”一点才行。我们做新闻的，没办法投机取巧，一定要“脱一层皮”。你们都那么年轻，个人成长起来才是最大的收获，一生会受用无穷。

第二个是“身外之物”的收获，即名利双收。“名”就是在报纸上、南方+上打响名记的招牌；作品得到读者、用户认可，受到交口赞誉，有很高知名度；评优、评奖、评先可以优先，提拔也可以优先。“利”就是收入丰厚，日子过得体面尊严。

“身内之物”的收获应该是更主要的。各位从事新闻采编工作，看家本事练好了，谁也挡不住你成长、成才、成名、成家、成熟。

另外，还要力保“身上之物”的不失，即永葆身心的健康。我常说，人生两件宝——好身体、好心情，希望大家一生一世都拥有这两件宝。

干什么学什么、缺什么补什么

媒体多文人。从事新闻工作，自是术业有专攻，有其专业的门道和学问。在成长过程中，各位年轻人要保持开放心态，历练身手本事，不能眼高手低，要做到“干什么学什么、缺什么补什么”。

“干什么学什么”，即顺应岗位要求，学习、掌握和具备相关知识。比如，你是学新闻的，让你去跑医疗卫生线口，你得具备医疗卫生的基本知识，要不你听不懂，也写不出来；如果让你做财务，你得沉下心去学，学会从报表上看到变化、发现问题、分析原因。

“缺什么补什么”，即强调学问和能力的完善。当记者要有两方面的专业能力，一个是新闻专业或者传播专业的能力，一个是你的采访对象所在领域的专业能力。当然这第二个专业能力是指常识性的，绝大多数不需要去了解里头的精深部分。要具备这两种专业能力，就必须“缺什么补什么”。

如果你横跨很多领域，历练很多岗位，一旦做到了“干什么学什么、缺什么补什么”，通过直接经验与间接经验，加上悟性高，几年下来就会成为行家里手，就能脱颖而出。

新入职大学生聚集到南方报业，无论在哪个岗位，都是“入门之地”。希望大家能一直薪火相传，光大南方报业的门楣。当然，肯定有一部分同事在经过南方报业的职业熏陶后会星散各地、各行、各业。不过，不论身处何地、从事哪个职业，“干什么学什么、缺什么补什么”都是有益于你们的成长的。

人物、人才、人手

在一个集体里，人可以分为人物、人才、人手三种。

人物是比较少的，凤毛麟角，必有过人之处；人才往往是一个单位的中坚力量，是干事创业最需要的主力军；人手在工作场景中就是领导让你干啥就干啥的人。

成为人才，才有可能成为人物。事业发展要靠人才，做大做强要靠人物。作为集团骨干，手下都有团队，你们干得怎么样，手下就干得怎么样，集团事业成也你们、败也你们。希望大家都能成为人物，最起码得是人才，不应该沦为人手。

而要成为人才、人物，构建知识体系、工作体系、生活体系就很重要。

构建三个体系

希望每一位新员工在工作和生活中能构建三个体系：

第一个是构建知识体系。大家都大学毕业了，但有没有真正“毕业”，要看你有没有“1.5”个能力。其中，“1”是看你有没有学习能力。从本科到研究生，基础知识和专业知识固然很重要，但最重要的是学习能力，这是终身受用的。你会不会学习、有没有养成学习的习惯？如果不具备一定的学习能力，职业生涯基本上是要失败的。现在是知识爆炸的时代，你要是不懂得“活到老学到老”，不懂得与时俱进，就很容易被淘汰掉。还有“0.5”是看你有没有思维能力。思维能力的构建不是一朝一夕的，是动态形成的，现在要求你成为一个思维能力很强的人，这个有点过分，但是你至少要具备半个思维能力，即你的思维能力、逻辑能力行不行？你的认识论、方法论是否具备？这个很关键。抽象思维能力强的人，上手就快；学习能力强的人，出稿就快。学习能力强的人往往学得快，思维能力强的人往往写得好。有了这两个能力加上你的业务能力，加上你的勤奋、天赋、造化，你就可以脱颖而出。每个人的专业背景不同，这不意味只有学新闻的才能成为好记者。能否成为好记者，跟专业无关，跟学习能力、思维能力有关，故而要尽量做到“干什么学什么、缺什么补什么”。

所以，你们现在就要开始构建知识体系。一是要不断学习和提高自己的学习能力。我要提醒大家，手机要看，但碎片化的知识不足以构建起你的知识体系。获取信息和读书学习是不同的概念。时间就那么多，你的全部时间都花在碎片化阅读上，人的长进和深度就有限。二是得不断修炼和锻造自己的思维能力。比如，我们说一个人“会说话”，并非指啰啰唆唆说个不停，十句话没一句有用的。“会说话”体现在两点：第一是理趣，即能说到点子上，让别人觉得有道理；第二是情趣，最好是幽默，不幽默的话最好不啰唆。有理趣、有情趣，这是你的知识面和逻辑思维能力的综合表现，这些都是要培养的。我们有人口头表达能力还行，文字表达能力不行，还有的人文字表达很好，但说起话来结结巴巴、词不达意。为什么？因为这两个表达系统的逻辑没打通，在逻辑思维上不一致。要改变这种情况，就要长期修炼。

第二个是构建工作体系。构建工作体系包括养成好的工作习惯，积累更多工作经验。你们可以根据自己的性格、价值观、成长背景等来构建适合自己的工作体系和工作习惯，工作经验则要靠不断探索、善于总结获得。工作体系，也即工作规范、工作习惯，涉及方方面面、林林总总。有些人工作严谨，条理清晰，有条不紊；有些人工作粗糙，丢三落四，眉毛胡子一把抓。这是工作体系有没有构建好的差别。它还体现在你和同事相处的点点滴滴中。读书人有时候很矛盾，人多的时候会觉得烦躁，想去山清水秀、安静的地方待着；但真让你去深山老林独居又未必愿意，因为太寂寞。人是群居动物，天生带着人类始祖遗传的对孤独感的畏惧，让我们没法远离人群。那人与人之间怎么相处？就是要相互包容。作为个体来讲，一个人的自省能力是重要的，要易心而处，要将心比心。举一个简单的例子，大家初来乍到，愿不愿意为部门前辈、同事服务？关键是你怎么看待这个问题，也就是你要明白做这件事的目的是什么。有的人做是做了，但怀着获取回报的目的，做的时候一脸谄笑、一脸讨好；有的人认为人要有“骨气”，这样的事不能做。其实，“骨气”不是“傲气”，做了不一定是谄媚，不做也不代表你有骨气。这只是你跟同事相处的一种方式。与人为善帮帮忙，顺手而为不为过。当然也不用天天做，把它变成自己的任务，变成一种负担。说到底，就是要“好相与”。就自身而言，也正因为“好相与”才得以“广相与”，见多了世面，广结了善缘。

第三个是构建生活体系。生活体系必须要与工作体系、知识体系相互适应，一开始就要规划好。要严格自律，养成健康的生活习惯、良好的生活方式，包括科学的饮食习惯、合理的作息时间，注重个人卫生。一要保重身体，身体是工作的本钱，也是最大的资本；二要注重心灵保健，情商、智商之外还得有“心商”，现代社会压力大，要能够开解自己，心理环保能力要比较强；三要有“健商”，有健康的理念和生活方式，不要“成绩很辉煌，可惜命不长”。年轻时候要奋斗、要努力、要付出，但是付出的时候要注意避免透支。有一些工作的透支是必须要的，年轻的时候不奋斗，更待何时？不奋斗，就不会有身内之物和身外之物的收获；但是生活的透支就不必要了。请大家力保“身上之物”不失，安顿好自己的身心。最好的状态是在身体不透支或者透支不严重的前提下，事业上取得很高成就。

送大家一句话：诚实做人、踏实做事。换个说法，就是做人要靠谱，做事也要靠谱。“做人靠谱”就是要正派、正直、诚实，“做事靠谱”就是交代的事情，事事有着落、件件有回音、样样做得好。如此一来，大家就愿意给你机会，而你每一次机会都把握住了，机会就会越来越多，成才的概率就会更高。

努力工作、主动工作、创造性工作

一是努力工作。努力工作就是积极工作，这是做人做事的基本要求。我们多数人是很努力工作的，但也有一些人在消极“划水”，享受别人的劳动成果。领导干部、业务骨干，要带头努力工作、积极工作，不能马虎工作、消极怠工、应付了事；同时，还要协同工作，要有优容雅量，不能以邻为壑。所谓“互相搭台，好戏连台；互相拆台，大家垮台”。大家一定要以集团利益为最大依归，同舟共济，共谋发展。

二是主动工作。努力工作还不够，还要主动工作。不能领导安排什么就做什么，不安排则绝对不做，处处被动。在职责范围内，大家要主动作为，敢于担当，有责、负责、尽责，对存在的问题，不推不躲，积极想办法解决。

三是创造性工作。我们是以创意生产为主业的媒体机构，当前正处在融合转型的关键时期，各项工作都迫切需要创造性。请大家秉持改革思维、创新理念，把“微改革”“微创新”作为开创新局的重要载体，带领团队不断推陈出新、迭代升级。

从职责担当的角度来讲，就是希望大家要对得起党和人民的重托，对得起集团党委的信任；从个人发展的角度来讲，就是要对得起这份职业、对得起这份薪水，打好这份工。

建设和“吃饭”并重

这几年，全国很多媒体机构的日子并不好过，不少单位收入下降，员工收入自然也随之减少，甚至锐减，有的发不出年终奖，有的每月绩效只发一半，可谓寒风阵阵。而我们集团这几年不存在这种情况，反而是集团和员工收入均逐年增加。

我们一直秉持建设和“吃饭”并重的宗旨，坚持一要“吃饭”、二要建设的原则，使两者相得益彰。集团一直在推动高质量发展，搞好了主业建设和产业经营，事业蒸蒸日上，让我们有履职尽责的战场、干事创业的舞台、安身立命的饭碗；搞好了建设，发展了事业，也要让大家活得体面，过上有尊严的幸福生活。所以，这几年来集团坚持发展依靠员工、发展成果和员工共享，在收入分配上更多地向员工倾斜，员工的收入水涨船高。员工的收入是逐年增长的，而且增幅不小。财务数据显示，集团30多亿元营业收入中，超过一半用于支付人力成本，也就是发到员工的腰包里。这是很不容易的。

得益于近年来媒体融合和多元发展所取得的经济效益支撑，集团这几年下大手笔、花大力气解决了许多事关职工切身利益、长期想解决而未能解决的难题。特别是在“我为群众办实事”活动中，全力推动办好5项重点民生实事，合计投入资金超过9000

万元。其中，集团为全体员工购买了企业年金，光此一项就每年新增投入5000万元；为一部分未参保的员工购买了职工医疗保险，做到全体在职员工均参加职工医保，每年新增医保支出2000多万元，切实解决了未参保员工的后顾之忧；打造幸福大院，完成运动场地一体化改造，增加员工停车位和降低停车费用，改善饭堂出品和服务，新冠肺炎疫情暴发后坚持免费核酸检测、做好大院防疫消杀等等，使员工切身感到变化、见到实效、得到实惠，增强了全体员工的幸福感、获得感和归宿感。

过好几个“日子”

南方+的建设走到今天，跟同行比还是很不错的；但是跟南方报业曾经的江湖地位、跟上级的要求比，仍然有差距。我们要抱持长期主义，坚持建设新型主流媒体不动摇，过好几个“日子”。

首先，要过“紧日子”。近年来，南方报业特别是南方+发展得比较好，但我们不能骄傲自满，不能有歇一歇、松口气的想法，也不能有“小富则安、小胜则满”的念头，还是要抓紧机遇，把握时机，乘势而上，不能“躺平”。

一是要咬紧乘势而上的牙关。现在南方+的发展势头这么好，追兵在后面甚远。我们要借这个窗口期跑得更快一些、更远一些，让别人拍马都追不上。我们也要正视自己的方位，环顾四周，还没到安全区、舒适区，还要跳一跳，才能摘到更好的果实。

二是要拧紧团结奋进的绳扣。大家一定要互相协同、互相补台，不能互相拆台、以邻为壑；要团结奋进，不能各自为战。常言道：“大家补台，好戏连台；互相拆台，大家垮台。”我们要拧成一股绳、心往一处想、劲往一处使。古语说：“黾勉同心，不宜有怒。”就是说要勠力同心，不能有怒，不能有隙，不能够产生矛盾。工作分歧很正常，不能因此而拆台。

三是要绷紧安全发展的弦索。安全发展包括政治安全、意识形态安全，也包括内容安全、队伍安全、管理安全，还有廉政安全。我们既要发展，也要安全；既要管理，也要建设；既要管住，也要管好，要管得生机勃勃，不能一潭死水、一盘散沙。

四是要拉紧人才为宝的纽带。集团一向高度重视人才，贯彻“人才为宝”的方针比较到位。我们常说集团有两项珍贵资产，一项是传播力，一项就是人才。成绩是大家干出来的，不是天上掉下来的，靠的是人才。所以，要做到事业和人才共长。

五是要扣紧传播力建设的主线。没有传播力就没有一切。我们的主责主业是内容生产传播，既是内容提供商，也是渠道商；不能只卖内容，还要卖渠道；既要做好内容生产，也要做好传播。所以我们要建设好传播力。传播力的内涵包括采编实力，即多出精品、快品、爆款；也包括到达能力，即覆盖能力；还要看技术支撑力和传播效力。服务能力是附丽在传播力下面的，如果没有自己的传播力，没有平台、渠道，发展就会有隐忧；如果不注重传播力建设，做经营、做服务就会越来越难。我们一定要强化“没有传播力就没有一切”的理念，紧紧扭住传播力建设这个“牛鼻子”，扣紧传播力建设的主线。

六是要锁紧“湾区第一端”的定位。要将南方+建设成为新型主流媒体，就要锚准“湾区第一端”的目标，持续发力。南方+是广东省委机关端，是省委、省政府第一权威移动发布平台，是“广东传播主平台、湾区第一端”。2023年要把南方+建设成为中等水平的新型主流媒体，就是要在下载量进一步提升的基础上，日活提高到680万以上，营收超过5亿元，传播力、影响力、营收力得到质的提升。

七是要抓紧下沉深垂的先机。在下沉到基层、深入到垂直领域方面，我们已经走先一步、走快一步，还要继续走好这一步。要抓紧下沉深垂的先机，不能丢失。

别人难，我们不难；别人难过，我们不难过。要不难过，就必须要过“紧日子”，这是一层含义。

第二层“紧日子”的含义，就是不能松垮浪费，还得注意提质增效，注重亩均、人均。下沉肯定要增加人手，肯定要投放资源，但不能毫无节制地扩大成本、扩大人力。要适配资源，该给的资源坚决给，但也不能浪费资源，大手大脚，不讲投入产出比。

其次，要过“苦日子”。要有艰苦奋斗、创一番事业的精神；要有吃大苦、流大汗、脱一层皮的思想准备。过苦日子，不是说让大家过得苦哈哈的，不是每天粗茶淡饭，而是不奢靡、不浪费，更主要是要振奋艰苦奋斗、干事创业的精气神，不经一番寒彻骨，哪得梅花扑鼻香！如果我们耽于享乐，沉迷于安逸，是不可能履职尽责、干事创业的，最终也不可能过上好日子。做新闻本身就是苦的，做新闻要烹文煮字，要绞尽脑汁，要挨更抵夜；特别是做客户端，做主流新闻，24小时都放心不下。更何况我们现在还在奋斗的进程当中，更加需要有过苦日子的准备，有奋发有为的担当，有时时放心不下的责任感。

第三，要过好日子。过好日子，就是要做到事业兴旺、阵地兴盛、人才兴起、收入兴隆，呈现一片勃发的生机。过“紧日子”、过“苦日子”，就是为了要过好日子。我们要抓住现在迭代的机会、重组的机会、换道超车的机会，建设好现代传播力，建设好新型主流媒体，一定不能错失。错失一朝，就会错失千年。所以一失万无，不容有失。希望经过我们的努力，能够让集团名声在外，江湖地位得到巩固。每一个人也都有身内之物和身外之物的收获，“身内之物”的收获就是本事、本领高强；“身外之物”的收获就是有名有利、名利双收。

最后，要过幸福日子。我们要建设“幸福集团”，坚持发展依靠员工，发展成果与员工共享，让大家有幸福感、满足感、归属感。首先是要给大家提供干事创业的平台，让大家施展才华，事业与职位都有提升，让大家都有职业荣誉感，有事业成就感。2022年集团中层和基层管理岗位竞聘，我们做到了“论功行赏”和“论资排辈”并举。论功行赏就是看业绩、不看资历；论资排辈的“资”，就是资历、资格、资质、资望。其次是要让大家收入节节高、步步高，有职业体面和尊严感。2022年大家的收入总体上增长幅度是不小的，体现了集团坚持发展成果与大家共享。最后是要让大家有幸福感。员工能感受到集团的人文关怀，有集体荣誉感，集团事业才能蒸蒸日上。

四　主业与产业

【观点】

内容是性价比最高的投资。我们要靠主业活着，而且要活好。

【概要】

前些年，受互联网强烈冲击，以报纸为主要介质的媒体面临很大的生存压力，发行量萎缩导致传播力下降，最后造成营收力下降。究其原因，问题还是出在主业上。纸媒面临“用户连接失效”危机。解决思路是以互联网思维生产并传播内容，提升将内容送到用户手中的手段和能力。

从南方报业的实践看，这招是可行的。我们始终坚信，内容是性价比最高的投资，在主业上舍得高投入，不吝成本打造新媒体优越平台、制作优质精品、开展技术研发、建设人才队伍等，在此基础上不断提升经营、拓展、服务等能力，主业经营和产业发展便水到渠成、水涨船高。

我们坚持围绕主责主业开展经营工作，不仅要靠主业活着，还要活好，并且发展适合自身的产业，让传播力、影响力产生溢出效益，撬动了产业发展，带来了多元收入，获得更多利润。

轻忽媒体业务无异于舍本逐末

在新媒体的冲击下，以报纸为代表的众多传统媒体日益艰难。国内有些传统媒体式微非常严重，尤其是都市类报纸，广告发行一落千丈，于是有些媒体机构想方设法转去投资其他行业，对媒体业务却有所轻忽。这无异于舍本逐末，亲手葬送了自己的政治价值和社会价值。我们的主业是办好媒体，做好内容生产传播，除此都属“不务正业”。媒体办不好，没有阵地可守，没有用武之地，某种意义上讲就是失职甚至渎职。

我常强调，转型不是转行。不管传媒环境如何变化，媒体属性不能弱化。一方面，“坚持以正确的舆论引导人”是新闻舆论工作最基本的任务之一，是媒体集团的立身之本，毫无疑问也是南方报业的主责主业；另一方面，提供优质内容是我们服务用户的最基本形式，媒体属性是集团品牌影响力之源、整合社会资源之本。内容的生产方式、呈现方式和传播方式必须与时俱进地变革，但高质量的内容生产标准不能变；集团的服务方式、服务领域、服务手段可以持续更新，但媒体属性的基石地位不容动摇。

过去，南方报业靠着办好报纸、做强内容，成为中国最早闯市场、旗下一流媒体众多的报业集团；现在，我们靠着办好新型主流媒体、提升面向互联网的传播力，展现出全新的生产能力和时代价值。

压力再大也要在主业上坚持高投入

经营压力是我们面临的共性问题。以报纸为主要介质的媒体，前几年受互联网强烈冲击，发行量萎缩导致传播力下降，最后造成营收力下降。问题还是出在主业上，纸媒生产的内容很难到达用户，面临“用户连接失效”危机。解决思路是以互联网思维生产并传播内容，提升将内容送到用户手中的手段和能力。

从南方报业的实践看，这招是可行的。尽管我们也一度面临巨大的生存压力，但一直坚持在主业上进行高投入，包括新媒体优越平台打造、优质精品制作、技术研发应用、人才队伍建设等，从来不吝成本。我们一直将主要精力放在办好媒体、做好内容生产传播上，通过做强主业，让传播力、影响力产生溢出效益，从而搞好主业经营，撬动产业、带来多元收入。

坚持围绕主责主业开展经营工作，最终让我们迎来曙光。经过不懈奋斗，南方报业经营指标自2016年开始止跌回升，成功实现“V”形反转，总收入、总利润、总资产、净资产等主要经营指标持续向好，资产负债率持续下降。2022年，我们的净利润达到3亿元，创下历史新高。

今天的南方报业形成了独有的景象：原来办得很好的纸媒

如《南方日报》、《南方》杂志、《南方农村报》、《南方周末》、《南方都市报》等，现在依然办得不错，并没有轰然倒掉。集中资源办的自主可控移动平台也起来了，发展势头很好。新媒体及多元化业务增长强劲，带动集团营收结构进一步优化，2021年集团实现新媒体收入规模首次超过传统广告收入。传播力提升带动的多元化业务收入占总营收比重超过四成，已经逐步成为集团主要业务板块。

正是靠着做强主业，我们过上了体面的、更有尊严的好日子。让员工共享集团发展成果，员工既有事业的回报，又有不菲的收入，就没有后顾之忧。

不仅靠主业活着，还要活好

做好主业了，还要不要做产业？当然要！主业是根本，但也不排斥做好产业。做大产业的逻辑是做强主业，让传播力、影响力产生溢出效益，从而撬动产业，让媒体在生存下去的同时获得更多利润。离开主业做产业，很难。

所谓主业，就是指内容生产传播，主业收入就是经过生产传播这个环节产生的收入。2021年南方报业的主业收入取得了很好的成绩，其中传统广告收入约3.6亿元，报刊发行收入6.5亿元，新媒体收入超5.9亿元，还有13亿元左右的新业务收入。2022年，南方报业的主业收入，更是胜于上年。南方报业是全国为数不多的靠主业就能生存的媒体集团，这一点值得我们引以为傲。主业收入能养活大家，虽然也过得不错，但要实现增值，还得靠产业收入。

所谓产业，就是南方报业在做好主业的同时，近年来培育的一批成规模、稳利润的多元产业项目，比如南方优品项目、智媒大厦项目、投资板块，都做得不错。2021年的产业收入也有5亿元左右。这几年南方报业产业的路子总体上是走对了，也还比较稳健，利润率相对理想，对集团近年来的利润增长起到重要的支撑作用。主业和产业并重，相得益彰。

南方报业从以前负债十多亿元，到现在一点金融负债都没有，现金流良好，靠的就是做优做强主业，也做好合适的产业，同时清理一些不适合的项目，走出了一条适合自己发展的路子。

我们是报业集团，而非物业集团、房地产集团

转型的“型”，应该理解为形态的“形”，就是媒体从“纸”的形态转成“网”的形态，新旧两种媒体形态融合共生。我们要清楚自己的主业定位，心无旁骛做好主业，不能舍本逐末。不管怎么转、怎么融，媒体属性不能弱化，基石地位不容动摇。

媒体有没有影响，大家看重的就是它的传播力、影响力和社会价值。我们有主责主业可做，为什么不耕好自己的田，而是去找别的行当呢？以现有的机制体制、运作方式看，我们的优势就在于自己的老本行，而没必要与其他国有企业、民营企业去争饭吃。

我们是媒体单位、国有文化企业，做媒体是主业，没有传播力就没有一切。一旦南方报业的媒体属性弱化，报业集团将不再是报业集团，会变成实业集团、物业集团、房地产集团，就无法对现实人群产生影响力。这是我们需要特别警惕的。

这几年，南方报业依托自身优势，大力拓展“传媒+园区”“传媒+金融”“传媒+产业”等新兴业务板块和多元文化产业，稳步推进重点项目，综合竞争力和可持续发展能力进一步增

强。比如，我们以媒体融合为核心，全力打造289文化产业园，努力建成数字文化高地。2014年以来，我们依托广州大道中289号总部大院，整合原印刷厂房腾空用地和办公场地，按照媒体、科技、文化三大功能板块进行布局，打造新型主流媒体与多元文化产业协同发展的业务格局和园区生态。其中，289艺术区园区突出“文化”特色，南方同创汇园区突出“科技”特色，加上集团总部所在的南方传媒大厦，正式形成“传媒+文化+科技”的“一园三区”总体布局。2021年11月，依托新型主流媒体与多元产业协同发展，集团成功入选“第四批国家文化和科技融合示范基地”，是广东唯一获此殊荣的媒体单位。

得益于媒体品牌和集团影响力所带来的资源连接优势，除了物理空间上的集聚，我们更注重文化产业链的集聚，通过整合政府和其他各界资源，赋能入驻园区的企业，助力企业加速发展，形成良性的产业园区生态格局。

听起来激动，做起来难弄

我经常讲，投资内容目前来看还是性价比最高的投资。做内容我们有基础、有经验、有底气，投资其他项目可能也不错，但整体上很难有高回报。很多项目不是我们擅长的，我们既没有机制体制优势，也没有人才资金优势，还没有管理经验。

有些事，听起来激动，做起来难弄！从各省媒体的情况来看，当初办酒店的、办出租车公司的、搞房地产的媒体单位，头一两年表面看是不错的，以后就未必很好。如果这仅是副业、是产业，那就对。如果当成主业来做，那就有点不务正业了。因为让你“转型”没让你“转行”啊，转行了就不应该叫媒体机构了，应该叫房地产公司、物业公司等。

南方报业在20世纪90年代也投资过水泥厂等，当时也是挺超前的，时间一久，各种经营问题就冒出来了。投资产业就是到市场上去竞争，隔行如隔山，那不是我们的专长，也没有优势，很容易失败的。

把媒体办好，是对经营工作的最大支持

我们的新媒体平台南方+内容做得好，经营也很好，很不容易。全国很多App是没有什么收入的，或者收入水平很低的。业内都公认，新闻客户端要做到既有高收入还要有利润，是“蜀道难”。

这几年我们坚定不移地向移动互联网转型、坚定不移地提升现代传播力，基本实现了这个“难于上青天”的目标。我们集中报网端优势资源来转型，实行“三个一体化”，并进行体制机制改革，除弊兴利，面貌一新。南方日报的采访部同时也是南方网采访部、南方+采访部；南方日报经营公司的团队，也是南方网、南方+的经营团队。我们没有另拉一支队伍、另起一个灶头来做新媒体，整体投入就不大，节省了很多成本，所以有利润。三个主体共享资源的同时，也节约了资源，整体就能做强做优。

2022年是个丰收年。南方日报经营系统实现了7.5亿元广告收入，主要是南方日报、南方+的广告收入，如果再加上代理销售的南方网、南方杂志广告收入，总体经营收入近7.8亿元，确实很不错，在全国媒体中处于非常领先的位置。其中，南方+客户端经营收入4.28亿元，尤其值得高兴。这是传播力的现实反映，没有传播力就没有影响力，就没有营收力。在主流媒体所办新闻类客户端中，能有4亿元营收的，尚不多见，南方+有幸忝列其中。此外，南方日报依旧保持高传播力、高影响力，全年有3.2亿元广告收入、4亿多元发行收入，非常了不起。这得益于我们实施内容、技术、经营“三个一体化”，集中优质资源的同时，也集约了资源，转出了效益、转出了效果。

当前，媒体经营形势仍然寒风阵阵、十分严峻，许多媒体停刊、下架，整体市场份额持续收缩。在这样的情况下，我们取得这样的业绩，体现了老阵地稳步发展、新阵地蓬勃发展的繁荣兴旺，凸显了“旧业还在，新业初成，此长彼长”的良好态势。

客观地说，这些经营业绩的取得不光是经营系统的功劳，更是报网端各部门齐心协力的结果。我经常对采编部门的同事说，把媒体办好，有人看、有影响，就是对经营工作最大的支持。

区县的长尾市场是一盘大生意

南方+正处在高速增长期，头部趋势已经形成，传播力影响力在不断渗透，声誉口碑接连提升，团队士气也持续高涨。在这种情况下，我们自我加压、一鼓作气、乘势而上，是很有必要的。

2022年，我们提出深入实施下沉策略，做好南方+区县、镇街共建频道，向长尾市场要效益。我们要乘势而上，提升营收能力，更加重视拓展空白领域、优化经营手段。我们宁愿将收入增长部分用于加大投入、加大奖励，也要赶紧去占领地盘、做大市场份额。用户的阅读习惯一旦形成，要改变就很难了；市场格局一旦底定，要挤走别的客户端也很难。我们要做强头部、做壮腰部，还要做大长尾，争取做到南方+大量收入来自各地区县、镇街的长尾频道、长尾广告。这个收益不可估量，是一盘可供我们不断耕耘、持续做大的大生意。

经营系统要研究推出更多更灵活的广告方式。现在，我们的广告表达还比较单一，很多广告还只是报纸广告方式的翻版，欠缺互联网广告的味道；广告的领域也还不够广，政务广告的占比还是高了些，商务、商业广告，尤其是消费资讯等，还是占比不高。广告形式可不可以变一变？表达能不能有所创新？能不能开拓更多市场领域？经营系统要深入研究。南方+的用户质量、内容流量数据比较好，是能够对经营工作形成有效支撑的。我们不能浪费了这么好的用户、这么好的流量，故而要千方百计加大南方+的宣介力度，创新经营方式，优化广告结构，美化广告“卖相”，使南方+的营收力进一步增强。

从围绕“一张纸”到围绕“线上线下”展开经营

南方报业的经营工作这几年能走出低谷、逐年向上向好，是服务能力与广告能力两手抓、两手强的结果。特别是这几年各单元紧密服务党委、政府中心工作，不断开拓多元新兴产业，服务能力水平大幅提升，来自服务的收入也水涨船高。

我们反复强调，传统媒体在移动互联网时代面临的危机归根结底是服务能力的危机，要化危为机，必须重建传播力，建设新型主流媒体，同时要以服务提质为抓手，创新经营方式，全面提升服务用户的能力。在移动互联网时代，无论采编还是广告、运营、行政等各业务板块，每一名员工都要牢固树立用户思维，在千方百计理解、满足、创造用户需求的基础上，善于运用互联网积极开拓、挖掘潜力，将传统内容生产经营优势转化为新媒体时代的服务能力。我们坚持以用户为中心，推动媒体变革和集团改革发展各项工作，从报网端的改版，到体制机制的除弊革新，从融媒体产品的生产传播，到一体化的经营服务，都把用户需求和体验视为重中之重，致力于为用户量身定做符合其需求的信息产品和服务产品。

传统报业时代，经营更多围绕“一张纸”来展开，体现为版面服务。而在融媒时代，特别是在南方+客户端的强大传播力加持下，经营更多要围绕“线上线下”来展开，体现为综合服务。我们通过提升服务能力，丰富服务链条，将党报、党端的服务力、影响力不断延伸，既收获阵地，也收获业务；既收获用户，也收获客户。比如，南方网的技术服务收入一年超过5000万元，南方日报的城市空间展陈业务风生水起，南方农村报包括评估、版权、数据、智库等在内的“三农”业务获得政府资金的强力支持，南都的大数据创意服务等方面的营收也非常可观。

这些舆情服务、技术服务、智库服务、城市空间展陈业务等方面的开拓探索，都是南方报业打造的全新服务能力，是附丽于传播能力建设的多元探索，也是我们要大力拓展的新业务。一个原则：传播力是我们的主业，是安身立命之所。做舆情服务、技术服务、智库服务、城市空间的机构很多，别人为什么看重南方报业？因为我们有传播力、影响力，这是南方报业的优势基因，具有不可替代性。

活下去、活得好要做好这些工作

这几年，我们活得比较好，集团员工的收入多有增加，生活质量多有提升。想要自己赚钱活下去、活得好，就要把握好市场环境。为此，我们要做好以下工作。

要确保安全。对集团来讲，安全是生命线。从国家相关政策看，新闻采编播发业务，都禁止非公资本进入。对集团的各类阵地而言，发布权是最重要的，既包括内容发布权，也包括广告发布权。近年来，南方报业在这方面做得比较好，特别是对有发布权的平台进行了严管严控。同时，我们要保证资本运营安全。资本的投入不仅限于金融资本投入，还包括对实体公司的投入。做产业要十分慎重，做得好是能赚大钱，做不好就要亏大本。有些项目不是我们擅长的，既没有机制体制优势，也没有人才资金优势和管理能力，就别搞了。下属全资公司也要保证经营安全，不能造成国有资产流失。集团的控股公司、参股公司，要落实好监管责任，完善资本的风险预警和防范机制，抓好董事、监事、高级管理人员选拔任用和董事会、监事会运行管理办法等系列制度的执行。

要善于作为。这些年，我们的主业总体上欣欣向荣，围绕主责主业的采编工作、经营工作都取得了不俗的成绩。但现在外部环境寒风阵阵，传媒市场环境瞬息万变，集团经营工作面临较为严峻的形势，资产规模不够大、新的商业模式没有稳定成型、多元产业增量收益空间有限等问题仍然存在。这几年，南方报业的经营工作实现“V”形反转，我们能够靠“卖文为生”活得很好，每一个媒体单位都能够盈利，但总体上看，集团经营方面抗风险能力仍然比较弱，所以务必提高危机意识，积极作为，把经营工作推上新台阶。首先，要做好围绕内容生产传播的主业经营，保证国有资产安全。只要我们做强内容、建好平台，就可以借此做好内容发布、广告发布，这是集团主业经营的保障所在、核心价值所在。因此，我们要继续加快现代传播力建设，建强自主可控的新型传播平台，让主业经营延续良好势头。其次，要做好资本投资等产业经营。要加强研究研判，挖掘潜在的市场投资机会，合法合规开展对外投资活动，让产业能够为主业提供支撑。主业本身能够赚钱，能让大家过上好日子当然是最好的，如果我们产业做得好，能对主业形成很好的补充，就两全其美了。

要继续实现成果共享。这几年，集团员工的薪酬每年都在提升，人均薪酬绝对值也都在提升，同时我们完善了全员医保和企业年金，依法依规买足社保，这跟集团履行好主责主业、做好经营工作、有充足的物质条件分不开。人民至上，对南方报业来讲，就是发展依靠员工、发展成果与员工共享。

三个“要效益”

这几年，我们提出向市场、向管理、向服务要效益，取得了显著成效。

向市场要效益。要继续强化主营业务的核心竞争力，开发新兴市场和细分市场，进一步抢占市场份额，扩大在行业内的相对竞争优势。各级经营负责人要深入市场一线，主动出击，依托品牌优势和内容优势，在做好常态经营的同时，坚持营销创新，强化资源整合，拓宽收入来源。我们再三强调，要力争做到：原有市场萎缩，新兴市场补；传统业务下滑，新媒体业务补；广告收入减少，服务收入补；现金收入下降，实物变现补；平媒广告收入缩减，全媒体收入补；总收入下降，成本费用压缩补。各单位充分发挥主动性和创造性，在经营创新方面下大功夫，根据自身特点各显神通，收到了良好的效果，也取得了宝贵的经验。其中，南方网积极开拓技术服务的能力和边界，收入大幅增长；南都开展全案营销策划和全案服务，为重点客户提供品牌打造、内容传播、产品销售、活动推广、创意服务在内的综合服务，业务链条得到延伸，产品形态得以扩展，进一步强化了自身资源整合的能力；南方农村报的展会、论坛、活动开展得有声有色，有效填补了广告收入下滑的缺口，并在业内进一步扩大了南方农村报的品牌影响力。这些成功的做法和经验，为我们展现了优质媒体通过经营创新实现自我突破、从愁云惨淡的行业危机中突出重围的无限可能。

向管理要效益。外部市场是收益的直接来源，而内部的管理提升则能够提升运营效率，成本费用的降低更能直接带来利润的增加。我们通过强化管理，深化改革，简政放权，进一步优化了集团管控体系。在成本控制方面，通过努力，从根本上遏制了成本费用过快上升的势头；在绩效考核方面，进一步调整优化经营系统绩效考核体系，试行效果十分明显；在资金管理方面，建立了“资金池”，全集团一盘棋，所有账户的资金得以互通共用；在投资管理方面，建立起集团投资项目评审体系，规范了投资项目可行性论证。在媒体经营环境不利的情况下，南方报业的营业收入做到相对平稳，且逐年提高，成本费用得到有效控制，上述这些措施的实施功不可没。接下来，我们要进一步强化公司治理，进一步加强成本控制、优化绩效考核、健全投资管理、细化资金调配、完善集团管控体系；要对成本构成深入梳理分析，完善和细化预算管理，严格预算执行，进一步加强成本管控，想方设法降低各项费用；要进一步完善投资管理，严格把关重大投资项目，通过完善股权管理，规范投资行为和强化投后管理，降低投资风险。

向服务要效益。集团的职能部门和各单位的职能行政部门，除了具有管理职责外，也为一线业务部门提供各种支持、服务，通过服务于一线业务部门，从而服务于市场和客户，而所有工作和分工，最终都是为了集团总体利益的最大化。职能部门要理解好自身的岗位职责和定位，在做好管理的同时，要为一线业务部门提供更好的服务，既要坚持原则，遵守制度，严格管理，又要热情服务，支持一线，严禁拖、卡、拿、要。职能部门的绩效考核，加入了“内部客户满意度”的考核指标，指标的设立体现出集团对职能部门的考核导向，促使职能部门提升服务意识和服务水平。各职能部门要针对自身在大局意识、服务意识、沟通协作、执行力、制度流程建设、团队氛围营造等方面情况，扬长补短，进一步提高服务水平。

“只要内容貌美如花，经营就能赚钱养家”引起共鸣

在2020年7月南方报业的年中工作会议上，有位同事说“只要内容貌美如花，经营就能赚钱养家”，引起大家的共鸣。

不管传媒环境如何变化，做好内容生产传播、办好媒体是我们的立身之本和发展之基，这是我们的主责主业。这几年，集团旗下各媒体重塑了传播力，与用户重新建立起有效连接，商业模式和盈利模式的重构也就水到渠成，服务能力和经营能力大幅提升。

南方日报巩固了传统优势，南方+客户端快速崛起。21世纪以来的20年，南方日报从未停止改革创新的步伐，连续17次改版改革，始终保持“小步快跑，循序渐进”的不竭动力，将这张报纸打造成全新的、优质的“政经纸”“观点纸”“深度纸”，体现政治的高度、思想的深度、理论的厚度、人文的温度、文字的精度。面对互联网冲击，南方日报成功守住了舆论引导力和影响力，也成功稳住了经营大盘。目前报纸发行量超过80万份，连续37年居全国省级党报首位。传统广告营收稳定在3亿元以上，连续多年维持高位运行。因为紧紧依靠全集团做好内容、做强技术、做大营收、做好管理，南方+客户端传播力、影响力、营收

力在短时间内获得高增长。在南方日报多年保持营收平稳不降的同时，南方+的营收从2016年的1000万元，到2021年突破3.16亿元，再到2022年超过4亿元，年年攀升，势如破竹，8年累计利润超过4.5亿元。这样的营收能力在全国都是不多见的。

南方杂志致力于建设守正创新的智慧型党刊。作为广东省委机关刊，南方杂志2014年就确定了“与集团全面融合”“加快与新兴媒体深度融合”的“两个融合”发展战略，以党建传播、党建研究、党建服务为三大重点，着力建设“有思想、有温度、有功用、有综合传播力和持续发展能力”的“四有”智慧型党刊社。当前杂志每期发行量突破60万份，迈入营收“亿元党刊”行列。

南方网以“新闻+政务服务商务”实现突围，作为首批拥有一级新闻登载资质的全国重点新闻网站，近年来深度参与广东数字政府建设，接连承接研发广东省政府网站集约化平台、粤港澳大湾区（广东）大数据中心和“政务南方云”“南方双创汇”等一系列新产品新平台新应用，技术服务能力和收入大幅提升，在“互联网+治理”领域实现了全新价值。2018年到2021年，南方网连续3年迈入营收“亿元俱乐部”，营收能力也反哺了内容生产能力；2022年营收则超过了2亿元。

南方周末2018年起将“付费智媒建设计划”作为转型的顶层战略和行动指南。“付费”指“南方周末内容付费工程”，即建设计量式软性内容付费墙和打造有南周调性的知识付费产品线；“智媒”指智库建设，核心是南方周末研究院的建设。这项改革进展顺利，南周报社总收入实现连续增长，2022年超过2亿元，利润1000多万元。其中非发行经营性收入增幅高达20%，整合营销服务收入占比超60%，新媒体平台营收占比上浮显著，业务结构进一步优化，品牌影响进一步加强。

南方都市报经过实践探索，逐步构建起“优质原创+创意传播+智慧服务”三大核心能力，形成“优质原创+民生帮办+检测评价+治理类产品+垂直类产品+创意传播类产品”六大核心产品，建立了智库产品全新标准体系，形成与媒体同行的供给差异，重新标识了新时期市场化媒体内容特色。2022年，南方都市报实现营收超过5亿元，继续保持较好利润水平。尤其可喜的是，经营收入结构发生质变，新媒体和新服务收入占比超过三分之二。

南方农村报多年来追求报道大众化、内容专业化、经营市场化，深度服务“三农”工作，成为我国“三农”媒体中的领先者，通过大力发展融媒体，培养核心用户，深度服务利基市场，构建产业生态圈，实现媒体与产业融合，为广东乡村振兴战略的实施提供高品质、专业化、特色型的智慧服务。南方农村报2018年底营收首次突破亿元大关，成为国内难得一见的“亿元农媒”；2021年和2022年营收均超过2亿元。

我们要做什么样的产业

主业做得好，既可履行好职责使命，收获无形的社会效益，也可以收获良好的经济效益；不仅可以养活大家，让我们活下去，还可以让我们活得好，像南方日报、南方+依靠主业也可以活得很好。主业的经营，既包括广告、发行、活动等经营收入、服务收入，也包括相关多元的业务收入，都是要经内容生产传播这个环节而产生的收入。而产业则要宽泛得多。

我们有心于、有志于做大做强产业久矣，也做过不少项目，但天不遂人愿，一直未有很成功的案例，赚大钱的则付诸阙如。综观这几年集团和兄弟媒体集团的经验和教训，验之于实际，我个人觉得，我们做产业要基于两个原则：一是不熟不做。离主业太远，又没法构成协同作用的项目，也就是我们不熟悉的项目，哪怕看上去再好再美，我们也未必要沾手。我们都是书生文人，不擅长和钱打交道；也没有体制机制优势，没有资金、没有人才的优势。二是力不到不为财。我们管理经验欠奉，控制力不足，若不能做到项目的可管可控，我们都不能轻易介入。力有未逮，则就是财不可逮。

基于此，我们集团做产业的方向有二：

其一，是参与与土地和物业相关的项目。比如，能不能进入房地产？也不是一律不行，关键是要拿到“好地”。所谓“好地”，一是土地性质要好，二是价钱要合理，能有溢出效应，然后找国有开发商联合开发。这几年我们开发的几个项目，都是此类的好项目，收入可观。再比如，我们用持有的自有物业办创意园、科创园，其实质是出租物业，获取租金收入，回报丰厚且稳定。

其二，是参与投融资项目。我们做的投融资项目不是投资实体，而是股权投资、财务投资、战略投资。这方面，还有很多市场机会，我们要深入分析投资市场，充分挖掘投资机会。我们前几年做得不错，比如战略投资新华网、南方出版传媒等，获益甚丰。相反，投资实体、投资项目则非我所长；即使要投，也要有退出机制，而且最好能与国有企业合作。

五 内容与技术

【观点】

技术和内容同为新媒体发展的两轮，是媒体融合转型的发动机、传播力提升的加速器。

【概要】

对传统媒体而言，技术只是辅助部门。现在，技术和内容同为新媒体发展的两轮，成为媒体融合转型的发动机、传播力提升的加速器。强大的自有新型主流媒体必须拥有强大的内容和强大的技术，南方+客户端就是如此。

我们自有平台的技术底盘是一步步从无到有建立起来的，如今已完全摆脱了受制于人的局面。建设技术平台要达到两个目标，既要“一统江湖”，又要“内外兼修”。

所谓“一统江湖”，是指要逐步打造支持集团新媒体的技术系统，逐步打通集团各媒体之间的新媒体板块，用同一个技术平台、一个技术标准、一套技术语言、一个技术思维，避免低水平重复建设。所谓“内外兼修”，“内”是要支撑集团各新媒体的内容生产和制作，使内部生产传播平台形成闭环；“外”就是要服务好外部访问网民和客户，使之感到友好、舒适。

技术支撑力是传播力的一部分

按照过去的理解，传播力一般由三部分组成：第一个是采编实力，体现在人才优势和内容生产能力方面；第二个是覆盖能力，以前指纸媒的发行量，现在是新媒体的下载量、打开率和点击率；第三个是传播效力，即内容有没有真正达到影响人、引导人的效果。

现在，现代传播力的组成部分还要多一个技术支撑力。因为新媒体跟旧媒体不一样，自主可控的自有平台和“借船”传播的第三方平台也不一样，生产传播的每一个环节都离不开技术的支撑。内容能不能高效生产，能不能广泛覆盖，能不能精准抵达，能不能影响该影响的人，用户的阅读感受好不好，客户端的功能友不友好，都与技术息息相关。

传统媒体与互联网媒体传播同样的内容，传播力、影响力却常常天差地别，其根本区别就在于新技术是否被广泛研发应用。

技术和内容同为新媒体发展的两轮

互联网的迅猛发展对报纸的冲击和影响是颠覆性的。虽然南方报业品牌、内容、人才“三大优势”依然存在，但在移动互联网领域，我们的技术短板越发凸显，加上缺乏新媒体拳头产品，这两大掣肘问题导致我们在以互联网思维生产并传播内容，以及将其送到用户手中的手段和能力方面，明显落后了。

互联网时代的媒体要生存发展，还是要回到媒体的自身变革上来，回到传播力建设这个根本上来，既要积极拥抱新技术、“新玩法”，又要一切从现实出发，做必须做、能做成之事，不能在变革中迷失自我。

影响传播力的因素有很多，比如传播内容质量、媒体人员素养、传播渠道建设、技术支撑能力、媒体经济实力等，都需要结合媒体实际，以移动互联网为枢纽进行重建重塑。在这里，着重强调一下技术支撑能力。

传统媒体与互联网媒体最大的区别在于信息技术的研发与应用能力。两者传播同样的内容，传播力、影响力却迥然有别，根本原因就在于信息技术是否被广泛应用。信息技术使媒体内容的丰富性、新闻的及时性、用户的互动性、传播的广泛性、展示的多样性、用户的规模性发生了翻天覆地的变化。

在媒体转型过程中，新技术的研发应用有着非同小可的重要作用。以前，对于传统媒体而言，技术部门只是个辅助部门。现在，技术和内容同为新媒体发展的两轮，技术已然成为媒体融合转型的发动机、传播力提升的加速器。外界看到南方+是一款新闻类App，实际上背后撑起这个App的平台很复杂。技术并不在显眼处，但技术在内容的策、采、编、审、发、评、馈等各个环节无处不在，是全过程、全系统的支撑，不可或缺。技术口的同志要知道自己的价值所在，你们的作用极为重要。

这几年，南方报业的技术力量迅速壮大，不再仅仅是内容背后的配角，而是走到了新闻生产前线。目前我们拥有技术人员超过400人，技术能力日渐强大，对平台的技术支撑和赋能能力突出。拥有独立知识产权的南方智媒云系统涵盖内容生产、经营服务、运营管理“三大业务平台”和业务、数据、技术“三大基础中台”，包括200多个子系统和服务，可以支撑亿级用户使用；大数据和人工智能技术贯穿策、采、编、审、发、评、馈全流程；技术研发应用能力位居全国主流媒体前列，多次获得传媒科技界最高奖“王选新闻科学技术奖”一等奖等奖项。

2018年以来，南方报业的科技成果转化达185项，被763家文化企事业单位采用，创新业务种类占比超过90%，采用新技术开发的新业态或新业务收入占集团总收入的30%且增长迅猛。

技术一体化支撑的五个核心理念

我们坚持技术一体化支撑，明确五个核心理念。

坚持自主可控原则，掌握关键核心技术。我们必须有自主研发创新的能力，实现核心技术平台的自主可控，避免关键时候被“卡脖子”，改变传统媒体时代技术主要依赖外部公司、总体规划设计不足、需求响应不及时、技术成本高、可控能力差的局面，将技术的主导权牢牢掌握在自己手中。

坚持互联网思维，技术与业务紧密结合。内容传播到哪里，技术支撑就跟到哪里。技术一体化支撑，就是要将技术与内容生产传播深度融合，做到内容与技术一体化发展。

坚持创新驱动，技术领先业务半步。技术之于媒体而言，主要在于应用，媒体技术工作的主要任务是把技术应用于内容生产传播等业务中。因此，适度超前不落后，领先业务半步即可。

坚持“两手抓”，功能性指标与技术性指标并重。功能性指标就是技术平台所能实现的各种功能，使用者可直观感受到；技术性指标则大都抽象不可见，包括性能、可用性、稳定性、安全性等，二者同等重要。

坚持技术支撑智慧化、平台化，走高质量可持续发展之路。“大数据+人工智能”再好，关键还得为我所用。目前，我们自主搭建了大数据平台，将“大数据+人工智能”技术作为基础能力，贯穿于内容生产传播全流程各环节，全面提升内容生产效率和审核把关能力，并赋能报网端系列产品策划、生产、分发、反馈等媒体业务的应用场景。

技术平台不能受制于人

我们的自有平台的技术底盘是一步步从无到有建立起来的。一开始，南方+也未能完全做到技术自主可控，集团内部多个影响内容生产的系统均掌握在别人手里。这些系统相互独立，总体规划设计不足，需求响应不及时，技术成本居高不下，容易受制于人。

2018年，我们几个抓融合转型的负责同志几经斟酌，最终下定决心自己干，建立自主可控的技术平台，真正做到技术一体化支撑。现在看来，这一步我们是走对了。2018年和2019年，产品研发中心接手重构升级了多个媒体生产系统，新媒体的生产平台和传播平台全面打通，真正形成了自主可控的闭环流程体系，摆脱了被“卡脖子”的局面。这就是后来被命名为南方智媒云的技术平台，也是一套技术系统，一套适合南方报业特点、适合新媒体特点、适合移动互联网特点的技术平台，它是我们很珍贵的资产。

自主可控不等于从零开始

自主可控并不等于完全自主研发，并不是一切从零开始，所有子系统都自己研发。自主可控=自主+可控，即一方面要有自主研发的能力，另一方面即使是外购或与外界合作研发的系统，也要对它有掌控的能力，使它能够按照我们的意图、进度和质量要求进行开发、迭代和交付。

结合实际，我们探索出了一套“自主+借力”的模式。对于成熟技术模块，市场上有通用产品，我们就“借力”外购，站在巨人的肩膀上进行创新；对个性化强、不可替代的特色功能，我们就自力更生、自主创新。对于自主研发，我们要找准需求痛点，把好钢用到刀刃上；对于借助外力，我们要用技术标准规范约束好合作厂商，要有挑选优质高效合作伙伴的能力。

培养“最懂业务的技术人员”和“最懂技术的采编人员”

技术一定要与业务、与内容紧密结合，离开内容、离开具体业务的技术是没有价值的，而离开技术支撑、技术赋能的内容也是没有时代竞争力的，必然传播不远。内容生产业务需求带动技术进步，技术进步为内容生产和传播插上翅膀，相互促进，共同发展。

技术人员的岗位职责是产品研发、提供技术服务，但是也要学会站在业务端思考问题，否则系统开发出来很可能不符合业务需求，不好用，没人用。业务人员的岗位职责是提出业务需求，交由产品技术人员设计和研发，待产品和技术平台研发完成上线后，业务人员负责使用和运营，并及时给出意见建议进行反馈优化。业务人员一方面要理解技术能力的有限性，不能想当然地认为技术可以解决所有问题或者可以立刻解决问题；另一方面也要学习一些技术技能，以便能和技术人员进行一定程度的对话，确保能清晰准确地表达自己的技术需求。

我们要培养“最懂业务的技术人员”和“最懂技术的采编人员”，加强双向融合，这样才能做好产品和服务，放大一体效能。

功能性指标解决“有和无”，技术性指标解决“有和优”

就技术平台的功能性和技术性指标而言，功能性指标解决“有和无”的问题，只是冰山一角；技术性指标则潜藏于水面之下，重点解决“有和优”的问题，是评判一个技术平台优越与否的关键因素。

2020年，南方+客户端推出“在+上课”频道，上线了1万多节课，网课视频一下子涌进几百万人观看，我们的技术能够支撑住，而不少平台就因为撑不住而崩了。究其原因，是我们除了通用功能开发外，还把大量的精力花费在底层技术能力建设上。

互联网产品开发普遍采用“小步快跑，不断迭代”的模式，其实这不仅是针对产品功能而言，也是针对产品的技术性能而言，产品的技术性能、质量也需要不断迭代。

一项产品功能开发完成，稳定运行一段时间，并不意味着事情的完结。因为软件产品是有生命周期的，随着用户量、流量的上涨，相关联系统的增多，一定会出现各种各样的故障和问题。这就需要不断地对产品的技术性指标进行迭代优化。如南方+客户端直播系统，经过多次技术优化，目前使用流畅，经受住了多次大型直播活动的考验。

媒体不是科学院、研究所，技术不必太超前

大数据、人工智能、物联网等新技术的蓬勃发展，在媒体领域催生了一场前所未有的变革。而新技术的应用，到底有哪些应用场景，对业务有什么促进作用，应用效果会如何，是否会产生新的业务形态，需要技术部门先行探索。

推动媒体融合发展，技术必然扮演先行者的角色，先试先行，创新业务发展新形态。但是技术又不能太过超前，毕竟媒体不是科学院、研究所，一定要把握好技术应用的时机，太过超前，应用场景缺乏，市场尚未成熟，生态链产业链尚未建立，应用前景还不明朗，业务运营也跟不上，各种应用条件还不具备，会造成技术投入的浪费。

首先做好支撑，其次才是赋能

南方报业新媒体的技术支撑力，看得见的是南方智媒科技公司，看不见的是南方智媒云。南方智媒云是南方报业打造的自主可控的技术体系，为新媒体生产传播提供全过程、全系统技术支撑，性能比较优越，经受住了各种考验。

有一点必须明确，南方+的南方智媒云的首要任务是做好技术支撑，其次才是技术赋能。

从南方报业的实际来看，自有平台的技术支撑力最为重要。这是集团打造新型主流媒体的重要基石。只有夯实了技术底盘，为内容生产赋能才有意义。如果仅仅是“借船”传播，那不需要考虑技术平台研发问题，第三方平台的技术已足够强大，只要做好应用就行。如果想在互联网汪洋大海中拥有自己建造的“媒体船”，自主可控的技术平台支撑能力是不可或缺的。要是技术不成体系、技术标准不统一、没有强大的技术底盘，就无法支撑内容的传播。为什么南方+上几百万流量的直播都不会崩、也不卡顿？就在于我们有比较坚实的技术支撑力。

在做好技术支撑的基础上，我们还要做好技术赋能。就南方智媒云而言，第一层是撑起了技术平台底盘；第二层是研发了工具群，开发了很多好用的应用工具；第三层是协同内容生产团队、制作团队、播出团队，制作了很多内容产品。支撑是指第一层，是基础中的基础，赋能更多则是指第二层、第三层。

现在用户普遍认可南方+的技术支撑力，是因为技术人员用AI、大数据、云计算等技术进行了弹性扩展，整个技术系统的架构设计及软件质量都很上乘。南方智媒云还要不断优化，不断提升，不断迭代，还要“一统江湖”“内外兼修”，才能真正成为南方报业移动媒体的公共技术支撑平台！这套系统价值连城！

既要“一统江湖”，又要“内外兼修”

以南方智媒云系统来整合集团新媒体的技术力量，要达到两个目标：既要“一统江湖”，又要“内外兼修”。

所谓“一统江湖”，是指要逐步把南方智媒云系统打造成集团新媒体的技术系统，一统集团各媒体的新媒体技术“江湖”，用同一个技术系统、一个技术标准、一套技术语言、一个技术思维，避免低水平重复建设。现在在南方+的基础上，南方智媒云系统基本打通了与南都以N视频为代表的新媒体平台的技术底盘，接下来还要打通集团其他媒体的新媒体板块。

所谓“内外兼修”，“内”是指南方智媒云系统要支撑集团各新媒体包括南方日报、南方网、南方+及集团其他媒体单元的内部生产和制作，“外”就是要服务好外部访问网民和客户。现在，它已经做到了“内外兼修”，内部生产传播平台形成闭环，外部用户使用起来也感到很友好、很舒适。

国内一些媒体以前做“两微”做得很起劲，现在也转向做自主可控的客户端。它们现在处在“两难”中：一是“两微”红利高峰期已过，想获取更多利益，很难；二是做客户端需要很强的技术支撑，它们没有这方面的积累，投入很大，也很难。做“两微”可以依靠平台的技术赋能，可以借助平台本身强大的技术支撑力，只要集中精力做好内容生产制作就会有很好的传播力，但如果自己建平台，技术是一大难关。

坚持技术“四个一”

媒体转型对技术的需求量大，如果每个媒体都组建一支队伍、搭建一套系统、购买大量设备的话，不仅造成低水平重复建设的浪费，而且很难做到用户拉通、流程畅通、数据流通。

技术一体化支撑，就是将技术作为“硬核”能力撑起融合生态传播力的底盘，充分整合分散于各媒体的技术资源，共商共建共享强大、统一、高效的技术体系。我们全力推进自主可控技术平台——南方智媒云的建设，坚持“一个技术系统、一个技术标准、一个技术思维、一套技术语言”原则，为各媒体的数字化传播提供共建共享的技术支撑和服务，在取得最佳边际收益的同时，也起到打通“信息孤岛”的效果。

坚持“一个技术系统”。互联网时代，“马太效应”特别明显，商业客户端头部平台占据了商业移动媒体的大部分市场。传统媒体时代的区域性分割、政策性垄断的格局已不复存在，因此必须正视“二八定律”和“马太效应”，集中优势力量和技术资源，做好“一个技术系统”，打造具有强大传播力的、具有龙头地位的内容生产和传播平台。南方报业在落实“一个技术系统”上做了三方面工作：一是统一技术规划，减少系统重复建设，实施集约化管理，避免技术资源浪费；二是集中资源做大做强做优南方+技术平台，使集团优势技术资源持续向移动端汇聚和转移；三是建设南方智媒云，打通报网端内容生产和传播平台，打造强大统一的技术底盘，赋能各移动媒体单元。2021年，我们已经把南方智媒云覆盖到N视频、南都App，以后还要覆盖到其他新媒体，甚至集团外的媒体。当我们把南方智媒云做得非常有竞争力的时候，我们的江湖可以无限大。

坚持“一个技术标准”。媒体融合，必然涉及技术系统的对接、打通、改造、融合，以及技术团队的对接、协同、合作。若要顺利对接，默契的协作、统一的技术标准十分必要。就像螺栓与螺帽，若标准不一，则对不上、拧不紧。没有统一的技术标准，技术系统的融合对接便无从谈起，技术团队通力协作打造强大的技术平台更是一句空话。当然，制定并统一技术标准是个繁杂的工作，不仅包括技术标准本身，还包括落实这些标准的配套管理制度。南方智媒研发中心拟定了一系列的技术标准和制度规范，例如接口标准、数据标准、第三方开发技术管理规范等，以规范产品研发和技术支撑的全流程管控。在引入外部力量合作研发时，也用这些技术标准规范约束各合作厂商，保障项目进度和质量。

坚持“一个技术思维”。“一个技术思维”就是要统一思想认识，形成正确的技术战略、规划、方向、路线和方法等。为此，我们制定了《南方报业传媒集团高质量发展三年行动计划（2020—2022）》，明确提出技术发展目标：大力建设智慧型传播体系、多元化产业体系、引领性技术体系和高效能治理体系，形成高质量的媒体服务能力、产业发展能力和支撑保障能力。我们还制定了南方智媒云建设规划，为建设全媒体立体传播体系、智慧服务体系、开放生产体系等筑牢技术底盘。在具体实践中，我们逐渐形成了一些有价值的技术思维。比如高度重视“自主可控”的重要性，组建了自己的技术研发团队，将核心业务逻辑层开发紧紧掌握在自己手上，同时借力市场上成熟的产品和服务，站在巨人肩膀上创新；推动全面上云、全云化，轻资产运作，降低基础设施技术成本和精力投入，把技术创新的重点放在技术如何支撑和赋能媒体业务转型上等。

坚持“一套技术语言”。“一套技术语言”既指技术开发语言，也指技术部门与业务部门沟通的话语体系。一方面是技术开发语言，同类岗位、同类场景使用的开发语言尽量保持一致，以最大限度降低成本；另一方面是技术部门与业务部门沟通的话语体系，南方报业的各内容生产部门多年来相互之间形成了很多共同的认知和表达，因此彼此之间能够心领神会，行动默契。新媒体时代，不同专业背景、不同做事风格下的相互理解、认同尤其重要，特别需要在深厚的报人文化中，增加理科工程师理性思维和工匠精神的文化特质。为此，采编、技术要相互融通，形成共同话语体系。技术要理解采编业务，以便技术更好地服务、赋能内容生产；采编要了解新媒体技术常识并掌握内容产品基本制作技能，更好地得到技术的助力。

技术要甘于做“幕后英雄”

技术在新媒体平台建设中可谓无处不在，少了技术肯定不行，但技术也要甘于做“幕后英雄”。

事实上，我们的技术人员也是这么做的。现在有机会出名的是做内容的，准确来讲是做记者的。中央电视台也是，都是主持人出镜，幕后的摄像、编导、技术等也没有机会出镜表现。术有专攻、业有所长，分工不同而已。饭店老板无论用了多少人、多少道工序做成一盘菜，客人看到的都只是碗里的菜。我们呈送到用户眼前的是内容，新闻信息也好，广告营销也好，都离不开技术支持，技术人员的努力融在内容里面一起呈给了用户。技术很牛，没有技术，采编经营没法牛，但是不能说我要到前端去牛，在背后牛也是牛。这得实事求是。不同的工种有不同的位置，总得有人做“幕后英雄”。

技术人员虽然居于幕后，但他们的付出，集团是看在眼里的，不会让他们白白付出。集团对技术人员是高看一眼的，对技术的投入是不讲条件的，接下来还要加大对技术的投入，包括增加人员、提高待遇等。

南方+客户端已经初步建成为新型主流媒体，有很好的内容产品，有较强的技术支撑力，有一定的覆盖能力，全年发稿量达百万条，营收超4亿元。南方+是“内容立端”，靠“卖内容”养活大家，这个内容也包含了技术的贡献。等南方+建成为高水平新型主流媒体的时候，技术平台支撑的价值就更大了。

六 除弊与革新

【观点】

平衡就是用来打破的。哪里不顺就向哪里动刀子！

【概要】

近年来，集团对原有体制机制进行除弊革新，哪里不顺就向哪里动刀子。这么做就是为了破除一切不利于媒体融合发展的顽瘴痼疾，着力建设高效能的支撑保障体系。

以南方日报、南方网、南方+报网端融合生态为例，在组织变革方面，组建报网端融合运营委员会，完善南方+管理架构，南方日报采访部门全部转型为报网端采访部门，成立报网端音视频部、报刊网端理论评论部、报网端产品研发中心、报网端版权工作部等，理顺“一体化”工作机制；在流程优化方面，对原有“三会”制度进行改革，实现报网端一体化统筹协调；在薪酬考核方面，在内容生产部门稳步推进与转型需要相适应的薪酬和绩效考核体系；在人才培育方面，实施南方名记培育工程。

在此过程中，原有的利益格局不断被打破。而打破眼前的平衡，是为了寻求更深层次的平衡。

义无反顾往前走

在传统媒体时代，南方报业能取得成功的一个重要原因在于建立了一套行之有效、高度适应平面媒体发展的体制机制，培养、吸引了一大批传媒人才，激发出巨大的生产力。

然而，过去管用，不意味着现在管用。在新媒体时代，集团原有的为传统报业而定制的体制机制的底层逻辑和基本框架便不相适应了。

比如，虽然我们早在2010年就喊出全媒体转型的口号，但不少同志仍用“报纸思维”来做互联网产品，这至少带来两个弊端：一是不注重精准传播，二是不注重及时抓取热点。此外，原有的媒体间“条块分割、各自为政”的管理体制，也使得集团在推进媒体融合发展时效果不尽如人意。可以说，转型越往前走，来自体制机制的阻力就越大。

数十年形成的固化的路径依赖，并非喊口号、做动员就能改变的，我们必须从生产习惯、业务流程、信息采集途径、薪酬考评制度等方面动手术，进行全面革新。

作为治本之策、长远之计，我们近年来在大力建设全媒体传播体系、多元化产业体系、引领性技术体系的同时，以刀刃向内的勇气对原有体制机制进行除弊革新，着力建设高效能支撑保障体系。

南方+上线，变革的契机

2015年10月，集团打造的新媒体平台南方+客户端正式上线。我们以此为契机，倒逼南方日报、南方网和南方+构建起新的融合生态，进行体制机制再造，集团由此走上了媒体融合向纵深发展、建设新型主流媒体的快车道。

这是一场重大而深刻的变革，是一个脱胎换骨的系统工程。在此过程中，我们把握好改革的节奏和时度效，做到循序渐进、蹄疾步稳，注重处理好“变”与“不变”的辩证关系，充分评估原有支撑保障系统有生命力的内核，在扬弃的基础上继承发挥传统优势，实施了包括人才培育制度改革、薪酬考核机制调整、基层创新活力激活、组织架构优化、业务流程变革等在内的一系列体制机制革新。

目前，我们已初步建立起一套适应新的媒体格局、舆论生态和传播业态、有利于推动集团高质量发展的组织架构、管理体制和运行机制，对集团提升总体传播效能和综合竞争实力起到了重要支撑保障作用，也彰显了体制机制变革在媒体融合转型中“牵一发而动全身”的关键价值。

从体制机制和人才上破局

建设新型主流媒体，再造内容生产、传播、反馈全流程，是一项需要理念、技术、资本、人才、体制机制等要素协同配合的系统工程。

在转型初期，集团内部一些深层次、关键性的矛盾和问题不断凸显，并且越来越成为加快融合转型、实现高质量发展的瓶颈和掣肘，其中最突出的就是体制机制滞后、新媒体人才匮乏。哪里不顺就向哪里动刀子！我们正是从这两方面破局的。

推进体制机制创新，不为别的，就是为了破除一切不利于媒体融合发展的顽瘴痼疾，着力建设高效能的支撑保障体系。

以南方日报、南方网、南方+的融合为例，我们的措施有：

在组织变革方面，组建了报网端融合运营委员会，全面协调指挥报网端融合运营；南方日报所有采访部都转型为报网端的采访部；完善了南方+的管理架构，抽调了各媒体、各部门精锐力量担任南方+总裁、总编辑、总经理、副总裁、副总编辑、副总经理、编委、频道编委等；成立报网端音视频部，整合生产资源和分发渠道，着力实现短视频生产“量质齐升”；成立报刊网端理论评论部，不断唱响舆论场上的“南方声音”，夯实“南方评论”高地；成立报网端版权工作部，完善版权工作机制。

在流程优化方面，我们对原有的“三会”制度进行改革，其中重点改革采前会，将采前会转变为全媒体策划会，实现报网端一体化统筹协调，突出“三个加强”——加强报网端融合、加强传播效果反馈、加强重点选题统筹。

在薪酬考核方面，改变“工分制”按分计酬方式，在内容生产部门稳步推进以“费用包干”“一人一策”“按质计酬”和“协议薪酬”为基础的“年薪制”薪酬和绩效考核体系。

在人才培育方面，从2016年起实施南方名记培育工程，几

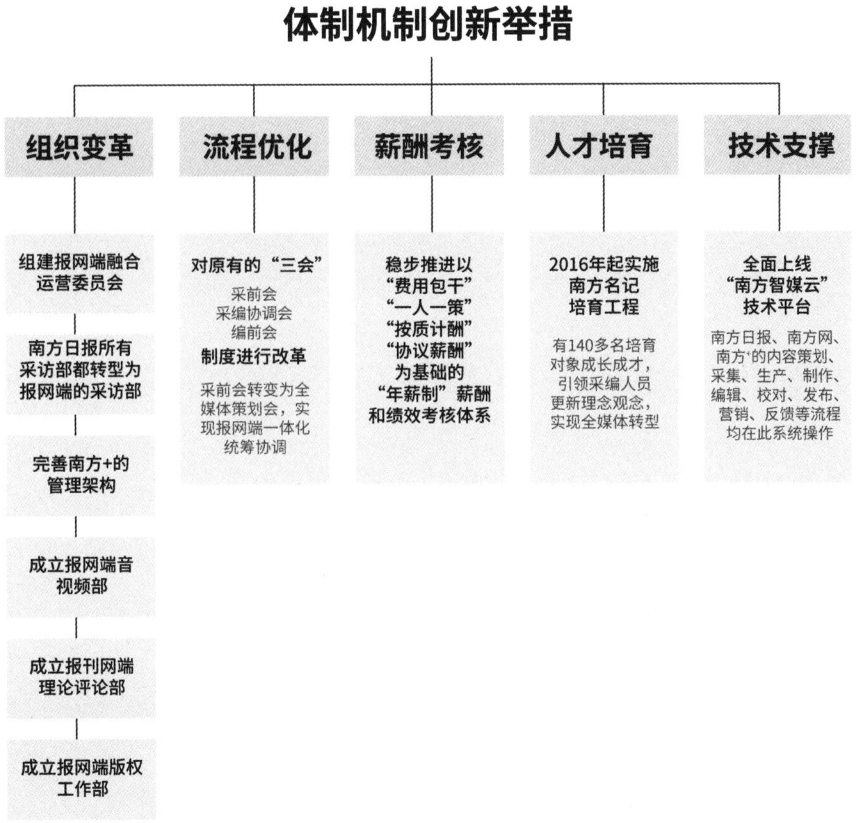

年时间有140多名培育对象成长成才，引领采编人员更新理念观念，实现全媒体转型；南方名记培育工程在人才培育、内容生产、薪酬考核三方面的探路作用非常明显。

在技术支撑方面，全面上线南方智媒云技术平台，用好其中的南方融媒系统，南方日报、南方网、南方+的内容策划、采集、生产、制作、编辑、校对、发布、营销、反馈等流程，都在此系统内进行。集团要求90%以上的采编发业务流程，都要经由这一系统解决，只有10%的业务可在策划会上处理。此策，使内容生产大大提质增效。

每季度召开南方+建设推进会

推动媒体融合发展没有先例可循，需要协调解决、探索摸索的问题很多，仅靠单个人、单个媒体力有未逮，必须充分协商、集体决策，重点事情重点办，特殊事情特殊办。所以，议事协调机构的高层级、高规格，非常必要。

2016年11月，集团成立报网端融合运营委员会，作为集团报网端融合发展的议事执行机构。

主任由集团社长担任，执行主任由集团总编辑担任，分管报网端工作的其他班子成员任副主任，报网端有关部门负责人担任成员。

融合运营委下设采编、经营、技术三个工作小组和办公室。采编工作小组主要负责“内容一体化生产”，协调报网端采编资源融合；经营工作小组主要协调报网端“经营一体化统筹”，通过经营制度优化和绩效考核导向，逐步形成南方日报、南方网、南方+全案营销解决方案；技术工作小组主要协调报网端“技术一体化支撑”，整合南方网、南方+的技术资源，为报网端融合发展提供技术支撑。

融合运营委建立了高效透明的决策机制，全面协调指挥报网端融合运营，引导各业务单元打破利益藩篱，拆除资源壁垒，形成资源共享、优势互补的发展合力。

这几年，融合运营委领导开展了全媒体改版改革、融媒体中心建设、南方智媒云建设、协议薪酬改革、南方名记培育工程等多项工作，努力探索既符合中央精神又具有自身特色的融合转型之路。

报网端融合运营委员会的其中一项重要工作，就是每季度召开一次南方+建设推进会，听取报网端各部门及各地方分社、记者站负责人落实南方+传播力、营收力建设的进展情况汇报，部署下一步工作重点，真正将“集中资源建设南方+”理念落到实处，推动南方+实现了跨越式发展，迄今共召开了18次推进会。在大家的共同努力下，南方+业已建设成为有传播力、影响力、营收力的新型主流媒体。

南方日报采访部就是南方+采访部

报网端融合后，“一次采集，多元发布”成为新的业务流程，各采编部门的组织架构和人员配备也随之进行调整优化。

我们一方面推进采编分离更彻底，原来由南方日报采访部门负责编辑的部分版面统一改由编辑部门负责，原来由编辑部门负责的少量采访工作划归采访部门；另一方面，全力推进采访部门向全媒体采访部转型、做到“一次生成”，推进编辑部门向全媒体编辑部转型、做到“多次发布”。

通过组织架构优化和资源重新配置，我们整合打造南方日报要闻编辑部、南方+传媒中心、南方日报地方新闻部全媒体编辑部、南方日报珠三角新闻部全媒体编辑部等四大编辑部，共同组成全媒体编辑部。它们分工明确、各司其职，形成了多个介质一体化运营、多平台发布的新模式。

南方日报的采访部门则更早实现了全员全媒体转型，记者从理念到实操均得以快速转型为全媒体记者。南方日报所有采访部门均转型为全媒体采访部，既承担南方日报的采访工作，也为南方网、南方+等新媒体平台服务，南方+没有另设采访部门。南方日报的采访部门，同时也是南方+的采访部门，并且加挂南方+的相应业务牌子。

通过全媒体采编部门融合转型的变革，采编人员不断提高适应媒体融合趋势的内容生产能力、产品制作能力和精准传播能力，打造出一系列导向正确、品质精良、广受欢迎的精品，舆论引导力和社会影响力大为提升。

南方日报、南方+客户端部门设置对应表

南方日报	南方+
南方日报时政新闻部	南方+时政新闻部
南方日报经济新闻部	南方+经济新闻部
南方日报文体新闻部	南方+文体新闻部
南方日报地方新闻部	南方+地方新闻部
南方日报珠三角新闻部	南方+珠三角新闻部
南方日报视觉新闻部	南方+音视频部
南方日报专刊部	南方+产业新闻部
南方日报理论评论部	南方+理论评论部
南方日报机动记者部	南方+动态新闻部

强化“南方+是大家的”的理念

以南方+为枢纽，我们在报网端成立多个跨媒体融合生产机构，以“成熟一个推进一个”的办法试点扁平化组织结构。

我们完善南方+管理架构，成立南方+编委会，实现人员、内容、运营“真融合”。在发展初期，南方+的内容生产和管理由南方+内容团队负责。随着南方+迅猛发展，发稿量呈几何级暴增，受主流人群关注度越来越高，业务范围越来越拓宽。在此情况下，设立南方+编委会负责全端内容生产的统筹管理，确保快速扩大的内容生产能力实现“可管可控”，成为不二选择。

南方+的管理班子，实行的是“专职+兼职”的体制。总裁、总编辑、总经理，由负责报网端工作的相关负责人担任。副总裁、副总编辑、副总经理，则由南方日报采编部门、相关媒体负责人和技术、经营单位负责人担任。同样，南方+编委会也采用“专职+兼职”的办法组建。其中，20名编委由南方日报各采编部门、南方杂志、南方都市报、南方农村报、南方+等媒体抽调采编骨干兼任。

这样的人事安排，增强了各媒体、各部门“共建共治共享”的积极性，强化了“南方+是大家的”的理念，为优越平台建设注入了强大力量。

报网端音视频部使短视频生产“量质齐升”

报网端音视频部，也就是南方+音视频部，班底是南方日报视觉新闻部，融合之后它的音视频功能得到了加强。通过整合生产资源和分发渠道，实现了短视频生产“量质齐升”。

2018年底，我们对南方日报视觉新闻部进行了调整，将报纸版式设计工作剥离至要闻编辑部，将摄影、摄像、视频制作等力量与南方+新媒体实验室整合，成立全新的报网端音视频部。

同时在硬件上，集团融媒体中心演播区投入使用，虚拟演播室、实景演播室、录音室、摄影棚等较为全面地满足了直播生产和视频拍摄的工作需求。

这样的调整，大大提升了我们在音视频产品生产和运营方面的能力，增强了工具型、体验型、服务型产品的开发力度，从而能稳定提供大批量、多类型、高品质的可视化产品，为南方+提供大量优质内容，成为新的流量入口。

报刊网端理论评论部唱响“南方声音”

成立报刊网端理论评论部，其目的是不断唱响舆论场上的“南方声音”，夯实“南方评论”高地。

2019年初，我们整合南方日报理论评论部和南方杂志、南方网、南方+、南方农村报的理论评论队伍，成立报刊网端理论评论部，通过流程优化、平台再造、人员交流，实现一个管理主体、一体统一调度。

报刊网端理论评论部归集各部门、各平台的理论评论产品，扩大评论员队伍，合并同类产品，实现作者共享、稿源共享、内容共享，形成合力；同时，也充分考虑报刊网端各自的平台属性和特点，确保报刊网端各自优质内容进一步发挥出优势，并且注重用户差异化、内容差异化、传播差异化，为读者提供评论“套餐服务”。

这样既能满足不同传播载体需求，又能在舆论场上形成一体化的传播声势，进一步扩大了南方评论的影响力版图。

报网端版权工作部构筑版权生态运维闭环

随着传统媒体向全媒体融合发展，媒体自身使用版权作品的频次也在增加，版权问题变得更加复杂。媒体有时是维权者，有时又会变成侵权者。

如何保护版权是媒体的痛点，如何做好全媒体版权运维则是更大的痛点。媒体怎样避免陷入侵权纠纷的泥淖，又该如何不再“守着金山要饭吃”？

为破解这一难题，我们在2018年底成立报网端版权工作部，将南方日报、南方网、南方+的版权归口管理，自主研发了南方版权运维系统“南方版专+”，建成了集版权预防侵权、有效维权和运营管理于一体，制度、内容、技术和法律等方面有机融合的集团版权生态运维闭环。

触动利益比触及灵魂还难

触动利益比触及灵魂还难。

利益格局的打破既要讲究水到渠成，拿捏火候，也要有倒逼机制，给予压力，在此过程中，要注重策略，把握机遇，掌握好借力借机借势的分际。

比方说，我们要求南方日报能自我转型的部门，务必就地转型为全媒体部门，从理念、实操、机制等入手，不能拖，不能慢；那些没法自我转型的部门，就要考虑裁撤。个别中层担心权力被削弱、利益被分薄，而趑趄不前，而有所阻滞。我们采取原有利益格局不动，即存量不动、只动增量的策略，步步推进，不急于求成，而增量来自南方+。我们以南方+的增量收益来论功行赏。

又比方说，我们实施南方名记培育工程，有些培育对象表现优异，年薪可达五六十万，其部门主任都未必能拿到。于是，一些不同的声音就传出来了，什么倒挂呀，严重失衡呀，不够公平呀，等等。我说，平衡就是用来打破的，原来的考评制度大家觉得公平，实际上也并不是真的公平，只是大家习惯了而已；打破眼前的平衡，是为了寻求更深层次的平衡。后来，随着南方+的崛起，大家一齐得益，多劳多得的人多了，部门主任的收入也水涨船高，慢慢地，这些嘀咕也就消失了。

精准定位，报网端“分工不分家”

做好新闻舆论工作尤其是政治报道、主题宣传，是党报、党网、党端共同的主责主业，但若因此就将报网端都办成同一副面孔、同一个声音的话，就会与推动媒体融合发展，提升传播力、影响力、引导力、公信力的初衷背道而驰。

我们针对不同目标用户，精准定位三个介质的发展方向，实行错位发展。其中，《南方日报》要打造成为“政经纸”“观点纸”“深度纸”，以深度见长，以政治的高度、思想的深度、理论的厚度、人文的温度、文字的精度取胜；南方网要打造成为广东第一互联网新闻门户，以权威、即时、准确的新闻信息和政务发布取胜；南方+要打造成为广东新型主流媒体传播平台，以创意传播、爆款产品、开放互动、快捷服务取胜。

报网端三个介质既要“一体化”发展，也要“差异化”发展，协同不雷同、分工不分家，共同构成相依共存的融合新生态，通过错位发展取得了“此强彼强，此长彼长，此优彼优”的效果。

算大账不算小账，节成本就是为了扶持新媒体

南方日报自21世纪初以来，连续实施了17次改版改革，成为业界独一无二的现象。每次改版改革都不是无的放矢，为改而改，而是纳入了深邃的思考，有充分的战略考量。前10次改版，我们有效应对都市类报纸迅速崛起的冲击，走出了一条党报走市场的成功之路；后7次改版，则是积极应对移动互联网带来的挑战和机遇，以全媒体转型为方向，拥抱变化，引领变革，走出了一条独特的新型主流媒体建设之路。

距今最近的4次改版改革，我们均以报网端深度融合为重点，强调“优化内容、转移产能、融合发展”，即报纸做减法、瘦身健体，网端做加法、承接产能。这是着眼于“三个一体化”，以融合转型为方向，以办新型主流媒体为目标，以报网端“此长彼长”、比翼齐飞为依归，而统筹组织的。

通过改版，我们将《南方日报》打造成全新的、优质的“政经纸”“观点纸”“深度纸”。一般性即时突发新闻和文体动态、行业服务、区域动态类信息分流到网端，不再占据报纸版面；优化版块结构，精简细化专刊、副刊、“观察”、“视窗”等版面，强化了政经报道、深度报道和分析评论；实施动态增减

版机制，从实际出发，根据当天内容和广告情况动态调整版面数量，平时严格控制版面，遇重大节日、特殊节点则可以增版，履行好政治责任和社会责任。

去产能、节成本就是为了扶持新媒体。我们把优质的新闻资源、产能、成本从传统的版面、栏目中释放出来，向移动端转移，实现党报的传播力、引导力、影响力、公信力在新媒体平台的迁移和扩增。实施版面优化和动态增减版后，南方日报将节省下来的生产成本用于扶持南方+，为南方+的发展提供了较为充实的物质基础，有力引导了主力军转向主战场。这种“算大账不算小账”的胸怀和睿智，迅速做大了新媒体这块“蛋糕”。

当然，与改版同步的，是改革伴随而行。每次改版，都配套了各项改革措施，包括组织优化、流程优化、考评优化、保障优化等等，每次改革都有寸进，都有实效，几年累加下来，改革成效是比较明显的。

从激励“移动优先”到实施“协议薪酬”

随着南方+客户端的快速崛起，原先以纸媒为重点的考评办法已不适应媒体融合的发展需要。

从2016年开始，我们把考评范围扩大，南方日报记者凡是在《南方日报》及南方+客户端发布的新闻作品，均在考核之列，并将阅读率（点击量）纳入考评。一般情况下，《南方日报》、南方+所有端口稿件、图片、版面、视频等，其绩效由“基本分+质量分+阅读率加权”组成。各端口基本任务和报纸基本任务分开计算，不能相互替代。

2019年，我们进一步调整优化绩效考评办法，树立报网端并重的考评理念，提高新媒体端口的考评权重，增加基本分、阅读率加权和质量加权，鼓励独家、鲜活、深入现场的优质报道，对H5、动新闻、VR、直播、无人机拍摄等新媒体技术产品加大奖励力度，从激励机制上推动“移动优先”，进一步做大南方+的传播力和影响力，采编人员在网端的绩效占比大幅上升。

尽管我们在建立以岗位职责和岗位价值为导向的薪酬和考核体系上进行了深入探索，并取得了较好成效，但所建立的绩效工资制、对采编人员的工作成果实行的量化管理，从严格意义上说，基本上仍然是按分计酬的“工分制”。

2019年，南方日报进行新一轮全媒体改版改革。在全面分析现行采编人员薪酬考评成效和不足的基础上，我们总结率先在南方名记培育工程中试行的“协议薪酬”探索情况，围绕融媒体时代采编工作的规律和特点，推出了新的薪酬改革方案——全员实施“协议薪酬”。

此项改革旨在通过充分授权、明确责权利，完善以绩效为核心的薪酬奖惩机制，打破传统的计件工资制，激活和调动采编队伍的工作积极性和创新性，充分发挥部门和团队的管理作用，缩小了不同跑线口的收入差距，兼顾了效率与公平。这对增强采编队伍的凝聚力和稳定性、巩固和壮大优越平台具有重要意义。

“协议薪酬”制度开了传统媒体薪酬制度变革的先河。这一改革提高了部门管理的灵活性，也管控住了采编成本的无效增加。在报社新增投入不大的前提下，此举为采编部门赋能，也使考评更科学、更精准，有力推动了媒体融合转型。

七 管理与建设

【观点】

媒体既要管得住，又要管得好。管得住是硬道理，管得好是真本事。

【概要】

做媒体，出于职责和使命，我们必须做到既要管住，更要管好。管得住是硬道理。如果管不住，阵地会失守、导向会失事、内容会失焦、队伍会失魂，那对媒体管理者来说，就是失职、失责，甚至渎职。我们没有金刚不坏之身，也没有天然免疫力，唯有打起十二分精神，坚决管住。但管住不是目的，管好才是根本。如果管住了，但把媒体管得暮气沉沉，管得一片荒芜，则这种管住是没有意义的。归根结底，就是要管建并举，寓管于建，建设优越平台、坚持正确导向、生产优质内容、培养优秀人才。管住和管好是两难，不容易做到、做好。唯其难，做到、做好了才能两全其美、美美与共。

让管住管好从“两难”变“两全”

我们做媒体的，出于职责和使命，必须做到既要管住，更要管好。管得住是硬道理，管得好才是真本事。

管得住是硬道理。“党管媒体”原则，是我们从事媒体工作的基本准则，也是题中应有之义，不容有失，必须管住、守住。管什么呢？管住阵地、管住导向、管住内容、管住队伍。怎么管呢？阵地全覆盖、把关全覆盖、人员全覆盖。我们为便于日常业务开展，姑且把阵地、导向、内容、队伍管理概括为“四个管理”，把阵地、把关、人员全覆盖归纳为“三个全覆盖”。

如果管不住会怎么样？阵地会失守、导向会失事、内容会失焦、队伍会失魂，那对我们媒体管理者来说，就是失职、失责，甚至渎职。上有愧于组织重托，中有怍于读者用户信任，下有负于报社同仁厚望，更有碍于党的新闻事业的健康发展，也会延宕集团媒体融合的推进。其后果是不堪设想的，可谓一失万无，噬脐莫及！这方面的教训不胜枚举。过去有、现在也有，全国有、本单位也有，我们没有金刚不坏之身，也没有天然免疫力，唯有打起十二分精神，坚决管住！管住是硬道理！

管住不是目的，管好才是根本。如果管住了，但把媒体管得暮气沉沉，管得一片荒芜，则这种管住是没有意义的，其结果必然是阵地急剧萎缩，内容不堪卒读，队伍严重流失，所以，还必须管得好。管好的标志，就是阵地蓬勃、导向平稳、内容出彩、队伍兴旺，一片生机勃发。

如何做到管得好？归根结底，就是要管建并举，寓管于建。建什么呢？那就是与管理相对应的阵地建设、导向建设、内容建设、队伍建设，即建设优越平台、坚持正确导向、生产优质内容、培养优秀人才。这些都是要经不懈建设才能得来的。所以，管好了那才是真本事、大本事！

管住和管好是两难，不容易做到、做好。唯其难，做到做好了才能两全其美、美美与共。我们南方报人要为此不懈努力。幸好，这几年我们小有所成，令人欣慰。

四个管理：
阵地、导向、内容、队伍管理

南方报业家大业大，管理难点有三。一是旗下媒体多，内容生产量巨大。仅南方+客户端每年就发稿超过百万条，如何做好品控是重要考验。二是媒体影响力大，社会关注度高。同样的差错，发生在别的媒体也许波澜不惊，但发生在我们的媒体上往往能掀起轩然大波，这样的案例屡见不鲜。三是员工队伍庞大，多为年轻人，有干劲但普遍欠缺丰富经验。针对这种情况，我们将这些年实践探索的、已证明行之有效的管理措施，总结为“四个管理”“三个全覆盖”“三平”，并且将之制度化、常态化，让各媒体更易针对性操作。

“四个管理”即阵地管理、导向管理、内容管理、队伍管理。

加强阵地管理，就是管住管好所有报纸、期刊、网站、客户端、第三方账号、户外媒体、出版社等舆论阵地，做到守土有责、守土负责、守土尽责。

加强导向管理，就是牢牢把握正确舆论导向，坚持有利于团结、稳定、鼓劲的方针，弘扬主旋律、传播好声音、凝聚正能量。严格落实全媒体全流程导向管理责任制，将把关责任压实到采编链条各层级、各岗位，确保导向正确。

加强内容管理，就是落实好“三审三校”制度，对各媒体、各渠道发布的各类政经要闻、文娱副刊、图片视频、广告专版等进行全要素严格把关，不出专业差错。

加强队伍管理，就是坚持“严”字当头，严格教育、严格管理、严格监督，奖惩分明，注重实绩，论功行赏。注重职业道德建设和能力素质提升，注重全媒型、专家型人才培育，打造“南方铁军”。

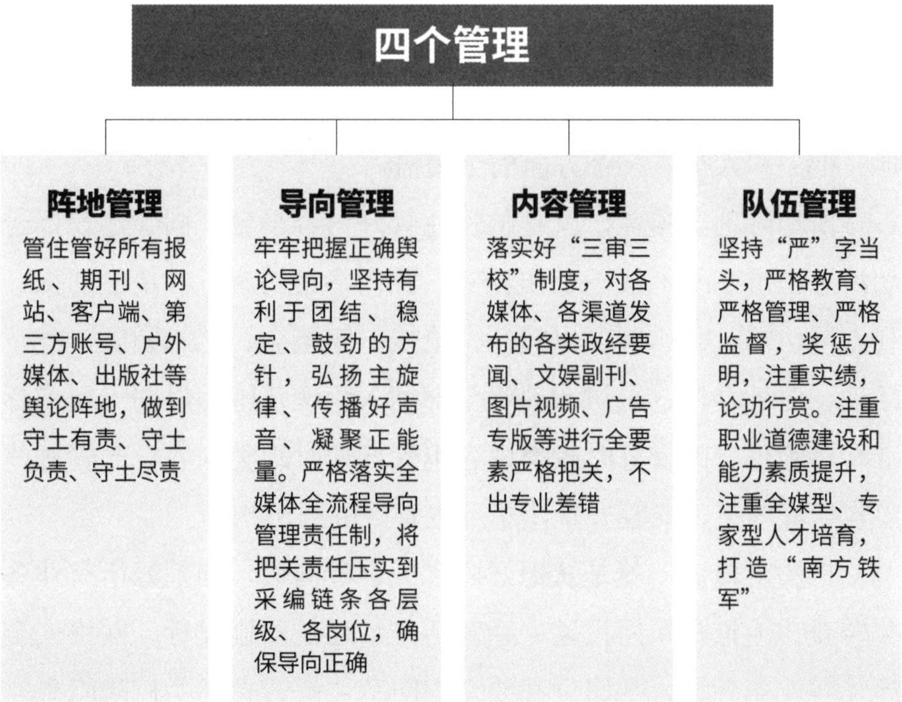

三个全覆盖：阵地、把关和人员全面覆盖

媒体管理“其大无外，其小无内”。时代在进步，需求在变化，技术在更迭，媒体业态越来越丰富、内容产品越来越多、业务领域也越来越广，外界舆论形势复杂多变，员工“八小时外”的情况也不易掌握，要做到“万无一失”是非常不容易的。在抓好“四个管理”的同时，还必须拓宽管理视野，事业发展到哪里，管理就覆盖到哪里，不留盲区、不留缝隙，确保管理在阵地、把关和人员这三个方面的全覆盖。

所谓阵地全覆盖，就是从管住管好内容平台，向管住管好一切涉意识形态线上线下工作转变。我们将集团旗下各单位的报、刊、网、端、微、屏、出版社、论坛、座谈会、艺术园区、线下活动、对外合作、采访活动等全部纳入管理范围，以同一尺度标准严格管理。既管好时政类内容也管好非时政类内容，既管好线上也管好线下，既管好集团总部也管好驻外机构。

把关全覆盖，就是从把好内容关、导向关，向把好所有业务关转变。无论是新闻报道、经营活动，还是印刷发行、网络安全等，各业务领域、各岗位都要全力防范化解管控各类风险隐患。只要是内容上版、上网，不论是新闻报道，还是广告经营，均统

一纳入各媒体编委会管理审核范围，严格把关。

人员全覆盖，就是从重点关注采编人员，向关注全员转变。我们将采编、经营、行政、技术、发行、印务人员和驻外员工、退休员工、实习生等全数纳入管理范围，加强教育培训，定期梳理队伍情况，确保对队伍情况了然于胸，实现各类问题的源头治理、妥善处理。

不管媒体业态如何发展、业务领域怎么扩张、员工队伍怎么变化，只要这三个方面的管理做到与时俱进、覆盖到位，我们的管理就能基本实现无死角全覆盖。

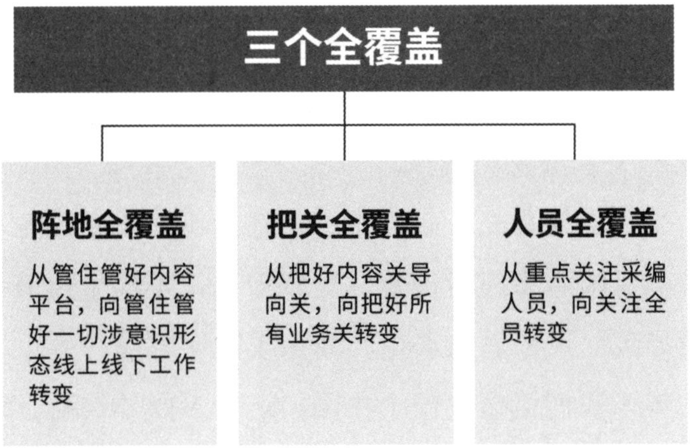

三平：政治平安、导向平稳、舆情平静

我们要求各媒体在工作中要做到“三平”，就是政治平安、导向平稳、舆情平静。

政治平安是相对于政治事故、政治差错而言的。坚持正确的政治方向是党报集团的首要任务，维护政治平安是我们的共同利益所在。任何工作都必须符合政治要求，严守政治纪律，以正确的政治立场、政治方向为前提。

导向平稳，就是要牢牢掌握舆论场主动权和主导权，在敢于引导、善于疏导的同时，妥善把握舆论引导的时、度、效，不断巩固壮大主流思想舆论。

舆情平静，就是充分研判报道刊播后可能引发的各种舆情反响，对各类风险隐患应对得宜、处置得当，不横生枝节，不因工作失职而导致“茶杯里的水花”演化成舆论风暴。

这些年，我们这么大一个集团、这么多媒体终端、这么多干部员工，总体上做到了“三平”，而且连续多年维持这种平稳如山、平安无事的局面，可谓不易，分外珍贵！

不出错、不出事、不出问题

在实践中，为了让集团上下更易理解把握，更易遵照操作，我将媒体管理的目标，通俗地概括为不出错、不出事、不出问题三个层面。

首先要做到“不出错”，即不出技术性、专业性差错。比如不出现错别字，不出现事实性差错，不因作风漂浮、责任心缺失而出现低级错误等，尤其差错不能出在关键处，不能让技术性差错演变成政治差错，不能因专业水准低而给媒体品牌形象带来损害。

其次是“不出事”，即不出导向事故，不违反职业道德规范。内容生产应当围绕中心、服务大局，密切关注党和国家的重大事件、活动，同时紧密观照社会民生发展，体现主流媒体的正向价值引导。要保持敬畏心、羞耻心，严格遵守新闻职业道德规范，严禁新闻敲诈、有偿新闻、采编经营不分等行为。

最重要的是“不出问题”，即不能出意识形态问题，不能犯颠覆性错误。这方面出问题，将“一失万无”。这几年集团在意识形态领域与全国、全省保持一致，从正本清源到守正创新，总体向上向好、向善向美，令人欣喜。

安全是1，其他工作是后面的0

南方报业是重要的新闻舆论阵地。在重要时间、关键节点出错或出事，甚至出问题，不但集团和各媒体的发展过程可能受到影响而不可持续，而且发展成果也难以长久维系。因此，我们要在不出错、不出事、不出问题的基础上再谈出新出彩。以牺牲安全为代价的出新出彩没有意义，就好比安全是1，其他工作是后面的0，没有1，再多的0也失去了价值。

安全是一切工作的前提，因此，把关工作是非常重要的前置性工作，必须人人重视把关、人人负责把关。所谓前置性工作，就是拥有“一票否决权”的工作。只要这项不达标，在综合考核或专项考核中就会被“一票否决”。把关工作守护的是各媒体的生命线，是各媒体健康发展的支撑和保障。

我们要加强层级把关，层层负责、各负其责。记者是第一道关，务必严格把住人名、地名、职务、机构名称、数字等事实关。采编部门的负责人，既是行政上的负责人，更是业务上的负责人，不能当甩手掌柜。集团分管领导要承担起所分管部门工作的统筹、指导、管理、建设等责任，一旦出现问题事故，要承担相应领导责任。要加强源头把关，充分研判选题的可行性、必要性，报什么、不报什么、怎么报都要提前研判，不能让记者“去了再说”“写了再说”。

把好关，还要做到“几个结合”。

一是技防和人防结合。我们的发稿量这么大，如南方+年发稿量超过百万篇，范围广、端口多，要以技防为主，依靠技术来解决问题。要把南方+内容中心、南方网、要闻编辑部、舆情研究部的审校系统打通，让数据实现互通有无，更加有效地拦截绝大多数差错。集团各媒体以平面媒体起家，对文字把关比较有经验，欠缺的是音视频的把关经验。要依靠人工智能来辅助识别判断差错，花大力气建立和积累内容比对数据库，进一步提升智能校对精准度和差错勘误能力。当然，技防无法解决所有问题，还要依靠人防。对于把关中不断出现的新情况，对于涉政、涉敏、涉密等关键信息，对于版面语言、页面语言等，技防可能无法处理，一定要依靠人防。所以，技防和人防要结合起来，依靠技防拦截大多数有规律的错误，依靠人防避免其他错误。

二是生产和刊播结合。生产端要落实好把关流程，记者要把好第一道关，值班主任、分管编委把好重要报道关；刊播端要实行好“三审”“四审”制度。生产端和刊播端既要结合，也要制衡。

三是一般和专业结合。一般就是指普通采编力量，专业就是指专门设立的审校室或审读室，两者要结合起来。采编人员再细心、再有经验有时也会看漏，所以我们要求报网端所有原创稿件必须经过审校室，所有平台、所有账号的原创稿件必须经过审核校对。

四是事先和事中结合。事先就是刊播前，事中就是刊播过程中或者刊出后。事先发现问题及时提醒，事中发现问题及早处置，都能避免一些差错变成事故、变成问题。审读在事先把关中起到很大作用，各家媒体都设立了自己的审读室，集团层面也设立了舆情研究部，都是有力有效的安全防线。

五是平时和战时结合。在平时，我们要按照制度规范把关；在战时，我们要采取应急性、超常规防控措施，如多编委值班、交叉巡查、终审提级等。

做到了这些，庶几做到“万无一失”！

重在落实落细落小，不能凌空蹈虚

把关工作重在落实落细落小，不能凌空蹈虚。最重要的就是要坚持“四个管理”“三个全覆盖”。“四个管理”中的阵地管理要做到阵地全覆盖。我们的阵地不单单是报纸、网站、客户端，也包括微信等第三方网络平台账号以及座谈、论坛等线下活动。对于导向、内容和队伍，我们要做到把关全覆盖和人员全覆盖，所有的平台、所有的人员都要纳入把关范围。有时候，问题就出在阵地没有全覆盖、把关没有全覆盖、人员没有全覆盖。只有严格实行“四个管理”“三个全覆盖”，才能管得住、管得好。

我们要重点做好四个方面的把关。一是涉政、涉敏、涉密把关。二是音视频把关。不单单是南方+的音视频要把好关，南都N视频也不能出问题。现在N视频还在起步阶段，发稿量很大，要建立起完善的把关机制，坚决不能出事。三是合作频道、开放生产把关。南方+有400多个共建频道，7000多个入驻南方号，开放生产量大，要做好把关工作。四是跟帖评论把关。南方+仅端内一年就有上千万条跟帖评论，微信、微博也有很多评论，其他各个媒体也是这样，我们一定要做好把关。

对于把关工作，我们要做到“三个务必”。一是务必落实到人。无论是记者还是编辑，无论是初审还是终审，都是把关的责任人。二是务必落细到稿。要将把关落细到每一篇稿件、每一个视频。三是务必落小到字（符）。文字要一个个过，视频要一帧帧看，跟帖评论要一条条捋清。希望每一个人都能负起责任。

我们经常讲“文经我手无差错，事由我办可放心”，不单单是办公室人员，所有从事文字工作的人都要做到，采编人员更要做到。

值班要人到、心到

新媒体有新特点。南方+发展到今天不容易，要统筹好安全与发展的关系，做到管理与建设并重。

一是要把好关。集团完善了南方+的管理架构，优化调整了总裁、总编辑、总经理、副总裁、副总编辑、副总经理、编委、频道编委等职岗，进一步筑牢了安全防护体系。目前来看，大风险没有，小风险却时有。请大家务必高度重视把关工作，务必细之又细、慎之又慎。

二是遵守保密纪律。保密工作事关重大，不能在这方面出现问题。落实要求要规范谨慎，对采访获得的涉密涉敏内容要妥善保管，对暂时不宜公开的内容要三缄其口。

三是完善审校流程。所有原创内容必须做到“三审三校”，各部门不能心存侥幸，有章不循，有规不依。

四是值好班。新媒体平台无边无际，无限责任，需要大家努力工作、主动工作、创造性工作。参与值班的副总编辑、编委要真正负起责任来，值班时做到人到、心到。要积极介入生产环节，力争能够施加影响，做出流量、做出效果。不要被动工作，推一下动一下，人在心不在。

五是抓好落实。问题大家讲了很多，都讲得很好，关键是落实。各位媒体、部门负责人，各管一块，只要用心，很多问题在你们这个层面就解决了；解决不了的，可以主动沟通、主动上报，推动问题解决。千万不能“等靠躺”。新媒体建设是新事物，难免碰到很多问题。问题虽多，一天解决一个小问题，一周解决一个大问题，很多问题也就不存在了。

总之，我们不要有安逸思想，不要有“差不多”的满足，各方面工作都要抓住时机，乘势而上，做大做强。我送大家五句话：复杂事情简单做、简单事情认真做、认真事情重复做、重复事情创新做、创新事情人人做。

不碰天线，不触底线，不冲红线

从事把关工作时，有三条线我们一定要把握好，一是不碰天线，二是不触底线，三是不冲红线。

不碰天线

天线关乎道路旗帜，是最高原则，不容有失。守好天线，要在新闻舆论工作中做到“七个坚持”。就是坚持正确政治方向，坚持党性原则，坚持党管媒体，坚持正确舆论导向，坚持正面宣传为主，坚持社会效益第一，坚持改革创新。我们要坚守党性原则和国家利益，高扬主旋律、凝聚正能量，不为错误的思想提供传播渠道。尤其是在面对涉及党的领导、国家安全、国防军事、民族宗教等题材时，一定要死守天线，提升对春秋笔法等冲线方式的辨别能力。

不触底线

底线关乎道德法律，是良知，是“不可逾越的界限”。我们作为连接党和人民的重要纽带，必须是政治坚定的新闻工作者，不能丢失对马克思主义新闻观的信仰，更必须得是作风优良的新闻工作者，干干净净做人、踏踏实实做事，不忘“与党和人民同呼吸、与时代共进步”的使命，做党的政策主张的传播者、时代风云的记录者、社会进步的推动者、公平正义的守望者。

铁肩担道义，才能够妙手著文章。拥有越大的能量，就要承担越多的责任。新闻工作者手握强大的传播资源，身负党和人民的信任，要对这份职业心存敬畏。在做新闻舆论工作的时候，一定要带着强烈的社会责任感、使命感，坚守党性原则和真实性原则，坚持职业操守，恪守职业道德。

真实，是新闻的生命。我们的内容必须尊重新闻传播规律，必须是真实、准确、全面、客观的，是能经得起推敲、受得住验证的。假新闻、敲诈勒索、虚假流量甚至是违法违纪的行为都是决不允许的。现在，网络上出现的很多令人咂舌的“反转新闻”，多半丢弃了真实、丧失了良知，最终损害的是媒体自身的公信力、影响力。记者笔下有财产万千，有毁誉忠奸，有是非曲直，有人命关天。我们在把关的时候，必须时刻警醒，守着底线，才能无愧于时代、无愧于人民、无愧于本心。

不冲红线

红线关乎规则纪律，是警钟，一旦触碰就会出问题。守纪律、讲规矩是党的优良政治传统，是全面从严治党的根本要求。南方报业是党报集团，党报姓党，由党创办，为党而生，对党有着与生俱来的忠诚、由内而外的一致、毫不迟疑的看齐。新闻舆论工作者不是自由职业者，也不是自由撰稿人，而是党的事业的一分子。新闻舆论工作必须讲政治，新闻舆论工作者更是在任何时候都要讲政治，不能在公开宣传中发表同党中央决定相违背的言论，也不能发表违反宪法和法律法规的新闻和言论。

落到具体工作中，关键就是要按照“于我（党和国家的利益）有利”原则，客观、准确把握宣传纪律要求，拿捏好宣传报道的时、度、效。对于宣传纪律，大家要有正确的理解。它不是思想的禁锢，也不是手脚的束缚，而是正确方向的指引、安全范围的警戒，是党的政治纪律在宣传工作上的延伸，更是我们在导向把关工作中的准绳。

当前，国际形势波谲云诡，舆论环境复杂多变。我们对内要统一思想、凝聚人心，对外要澄清谬误、沟通世界，肩上挑的担子并不轻松。唯有稳妥把握好纪律规矩这条红线，我们才能在履职尽责的道路上，始终沿着正确的方向前进。

管得住是为了腾出更多精力来出新出彩

管得住是为了不出错、不出事，是为了腾出更多精力来出新出彩。做媒体的，如果管得一片荒芜，管得死气沉沉，管得四平八稳，管得朽气横生，那不是管得住的终极目的。

我们是做意识形态工作，也是做新闻舆论工作的，而要做好此项极端重要的工作，光是“管住”是不够的，还要“管好”，还要“重在建设”！社会主义意识形态的强大凝聚力和引领力从何而来？光靠管住能从天而降吗？必须从建设中来，从实践中来！所以，管理和建设必须并重，管住和管好务必并举。

这些年，南方报业管建并举，既管住了，更管好了；既注重管理，也重在建设。

我们守住了底线，守好了阵地，把牢了导向，建成了新型主流媒体，涌现出大量优质内容，成长出大批人才，管得生机勃勃，兴旺发达。

一是阵地建设取得新成就。传统阵地稳步发展，南方日报、南方杂志、南方农村报、南方周末、南方都市报等传统媒体继续保持原有的影响力；新兴阵地蓬勃发展，南方+、南方网、南方英文网、N视频、粤学习等网端媒体得到空前的发展，传播力、影响力、营收力得到较大提升。可谓“旧业还在，新业初成”，做到了“此长彼长”。尤其是融合转型方面，顶层设计合理，战略战术得当，走出了一条具有南方特色的融合发展之路。南方+客户端这个优越平台的建设，已经大功告成。

二是导向建设取得新进步。这几年坚持正确政治方向、舆论导向、新闻志向，保持了政治平安、导向平稳、舆情平静的良好局面。

三是内容建设取得新辉煌。这几年，生产、涌现了很多精品、优品、爆款，优质内容源源不断，高流量产品比比皆是。尤其是重大报道等大战大考，生产和传播了大量质量好、流量高的作品、产品，正能量也可造就高质量，正能量也能澎湃大流量。

四是队伍建设取得新成绩。这几年，南方报业人才辈出，能力卓越，召之即来，来之能战，成绩亮眼；南方名记培育工程开花结果，带动引领大批人才成长成才；队伍的精气神为之一新，为之一振，战斗力超群。

这就是我们媒体管理管得住、又管得好的现实写照！管住了，让我们腾出更多精力来出新出彩。

我们也清醒认识到，南方报业虽然取得了一些成绩，但那是自己和自己比的结果，若置身于党中央战略部署、全国媒体融合发展最高水平的比照坐标中，还差距明显，问题多多，远未到歇气放松的时候。如今，全国媒体在融合转型中千帆竞发、万舸争流，南方报业必须以只争朝夕的紧迫感，快马加鞭持续推进融合转型，力争在新阵地、新战场、新前沿不断出新出彩。

舆情研究部：导向安全和舆情安全的守夜人

南方报业有一个舆情研究部，专责进行导向把关和舆情研判，这在全国各类媒体中属于首创。

办好媒体是我们的主责主业，但在办好媒体的同时要确保安全，不出事是前提。新闻有流量才有传播，但我们不能靠冲线带来流量，任何新闻一旦出事就“一失万无”。要做到“万无一失”，非常考验政治智慧和把关水平。我们不怕不同的声音，怕的是“两麻”。一曰“麻痹大意”，有问题看不到，习焉不察；二曰“麻木不仁”，有问题假装看不到，漠不关心。

作为集团导向和舆情安全的守夜人，舆情研究部把不出事的目标放在第一位，多年来落实集团党委要求，代表集团党委、编委会做好全集团媒体的审读和把关工作，在导向把关和舆情风险防范等方面形成了良好的工作规范、工作机制。他们预设舆论场上各种不同眼光，研判报道刊播后可能引发的各种反响，敲响可能存在风险的警钟，为各媒体编委会提供决策建议。他们坚持“得罪人”的精神，发挥“啄木鸟”作用，通过不停地喊、不断地提醒，确保各媒体一直走在正确的道路上。

各媒体、舆情研究部从不同角度把住安全生命线，目标是一致的。日常工作中，舆情研究部与各媒体编委会，既各司其职，又互相理解、互相支持，对工作中出现的因观点不同产生的矛盾，坚持原则、保持沟通，通过相互的博弈，最终取得平衡，达到团结和谐的局面。这一点，近几年大家都拿捏得很好，要继续保持。

近年来，随着集团各类新媒体持续壮大，新媒体海量稿件的把关压力也与日俱增，舆情研究部的工作职责实现了同步覆盖，在新媒体内容如何把关、第三方账号如何管理、年轻队伍如何培养上手、智能把关如何建立标准库等方面做了大量工作，是集团安全发展的有功之人。

对这样一支队伍，集团要给予充分爱护。

八　大生态与小生态

【观点】

媒体融合，指气质相近、逻辑相洽的多种媒介融合形成一种新的媒体生态。这些小生态逐步打通，互融共生，就形成集团的大生态。

【概要】

传播力是南方报业最珍贵的两项资产之一。重视传播全链条建设，将内容视为媒体通往人心的钥匙，从内容生产开始就带着强烈的读者思维，正是南方报业的各个媒体，在群雄环伺的广东报业市场迅速崛起的密码之一。

在互联网时代，面对“用户连接失效”危机，南方报业各媒体在面向互联网的传播力重建上各展所长，气质相近、逻辑相洽的多种媒介融合形成一种新的媒体生态。比如，南方日报、南方杂志、南方网和南方+客户端都是党的权威媒体，融合成为一个生态；南方都市报、南都娱乐、奥一网、南都App、N视频、各类第三方平台账号都是基于都市类媒体发展起来的，融合成另一个生态；南方周末也有报刊网端微等，又可以融合成一个生态。它们从“相加”到“相融”，达到“此长彼长，此强彼强”的效果，再逐步打通，互融共生，形成集团的大生态。

融合转型的方向和方法

我们是吃新闻这碗饭的，内容的生产和传播是我们的主责主业，舍此，都是不务正业。

在互联网时代，原来的介质受到巨大冲击，日渐式微。为了履行好主责主业，也为了生存，我们必须融合转型，中央对此也发出了号召，寄予了厚望。但转去哪里？我们认为，转型不是转行，主责主业不能丢。转型的“型”，应该理解为形态的“形”，转型，就是媒体从“纸”的形态转到“网”的形态，就是要转到移动互联网，建设移动客户端，建设新型主流媒体。这是我们融合转型的方向。

怎么转？因应我们集团的媒体结构和运行模式，我们将气质相近、逻辑相洽的多种媒体融合形成新的媒体融合生态。比如，“党报”南方日报、“党刊”南方杂志、“党网”南方网、“党端”南方+客户端，构成一个党媒融合生态；南都报系、南周报系、南方农村报系等，其内部也分别由不同的媒体介质组成，可各自融合成一个媒体融合生态，最后由这一个个小生态融汇成南方报业这个大生态，融合转型初告成形。

而在同一个融合生态内，则以“三个一体化”（内容一体化生产、技术一体化支撑、经营一体化统筹）来实现融合转型，既集中了资源，也集约了资源，从而实现融合效益最大化最优化。集中资源，主要是集中优秀人才、优势资源、优质内容，以扩增效能，形成规模效应；集约资源，既是为了避免重复建设、恶性竞争，同时也是为了提高边际效益。同样，在同一生态内，也按照“四化”（移动化、平台化、可视化、智慧化）的路径来实现目标；再辅之以体制机制变革、组织再造、流程再造、考核激励、人才培养等举措。

从结果看，不论党媒的融合生态，还是南都、南周、南农的融合生态，都融出了新成效，也转出了新境界，传播力大为提升、影响力大为增强、营收力大为提高，传统阵地稳步发展，新兴阵地蓬勃发展。这在在说明，南方报业融合转型的方向和方法，都是得当的，的确是一条既符合中央精神、行业趋势又符合南方实际的融合转型之路！

气质相近、逻辑相洽的媒体相融

回顾南方报业的探索之路，大致可概括为：以传播能力现代化建设为抓手，立足自身实际，抓住窗口机遇期，集中优势资源，建设新型主流媒体，做强新媒体优越平台，进而引领整体发展变革，提升品牌和影响力。

现在看来，我们的改革方向是正确的，路径是可行的，是符合中央精神、行业趋势和南方报业实际的。很多工作我们都先走一步、走快一步，因此抢占了先机、赢得了主动。

目前，集团各媒体机构都取得了比较好的发展，都在发生向上向好的可喜变化。全集团“旧业还在，新业初成”，纸质媒体并没有轰然倒下，还保持着较高的传播力、影响力、营收力，新媒体、新产业建设也有比较好的发展和收入。收入结构发生可喜变化，新媒体收入已超过传统广告收入。

全集团不但没有一家媒体机构亏损，更令人高兴的是，我们有7家媒体机构已跻身“亿元媒体”俱乐部，且都薄有利润。放眼全国，能有盈利的媒体机构自不在少数，但是很多媒体机构是靠做别的产业来支撑生存，像我们这样靠主责主业实现生存并过上好日子的，可能是不多的。

更可贵的是，这么多品牌媒体在一个集团里和谐共生、各美其美。我们既有“党报”南方日报、“党刊”南方杂志、“党网”南方网、“党端”南方+，又有植根于珠三角区域的都市类媒体集群南方都市报、面向知识分子的精英媒体集群南方周末，更有“为农民说话、为农业服务”的垂直媒体集群南方农村报，还有出版社、户外媒体等。

在保持媒体特色“多样性”的同时，我们也保持了转型步调的“一致性”，而“公约数”就是坚持建设传播力。正因如此，我们渐渐涵养出集团媒体融合的“大生态与小生态”。所以说，媒体融合就是气质相近、逻辑相洽的多种媒体融合形成一种新的媒体生态。比如南方日报、南方杂志和南方网、南方+客户端都是党的权威媒体平台，可以组成一个生态；南方都市报、南都娱乐以及奥一网、南都App、N视频、各类第三方平台账号都基于都市类媒体发展起来，可以组成另一个生态；南方周末也有报刊网端微等，又可以融合成一个生态。一个个小生态互融共生，形成集团这个大生态。

融合的几种方式

媒体融合，就是不同介质融合后达到“你中有我”“你就是我”的效果。根据媒体特点，融合的方式不尽相同、融合的成效也各显其异。

就南方报业而言，主要有三种融合方式。

第一种是彻底打通、充分融合。

比如南方日报和南方+，融合后浑然一体，彻底的“三个一体化”。南方日报记者就是南方+记者，南方日报采访部就是南方+采访部。对此，刚开始内部也有不同意见，认为南方+要建独立的采访队伍，但实事求是地说，集中资源、集约资源，内容一体化生产是更优、更佳的方式。否则，可能事情还没做成，队伍就先“卷”起来了；哪怕不“卷”，大量重复建设对资源也是一种浪费。

第二种是基本打通，即只打通了生产和经营环节。

比如，南方日报、南方+和南方网的打通。新闻原创产品成为报网端的公共产品，南方网在采访力量配置上不做重复建设，用好报端原创内容，它还可以做一些有自己特色的原创生产，作为重要的补充，但内容主干还是报端同一支队伍生产的原创公共新闻产品。整合报网端资源设立音视频部，南方网便不再单独设置。经营上也是如此，南方网所播出的通用广告，是它和南方日报、南方+共用的同一支经营队伍负责的，但南方网也根据自身技术优势，对外提供技术服务，获得大量服务收入。

第三种是在产品环节的打通。

比如，南方杂志、南方周末、南方都市报等，因媒体的基因各异、特点不同，各有一套独立的生产、经营流程，与南方+的融合并不涉及内容生产机制，更多的是新闻产品共享，或在南方+开设频道，以及针对特定主题打造“联名款”等，可以内容同传互通，或者是项目合作，但大家保留自己独立的生产和传播体系。

因此，融合也不能一刀切，并非所有的融合都是南方日报、南方+那样的彻底融合，还有报端与网的基本融合，以及南方+与其他媒体的产品融合，得根据实际情况找到最适合的融合方式，各适其适，效果才是检验融合成果的唯一标准。

作为最早一批网络“原住民”，南方网已突围

近几年南方网变化很大，向好势头不可阻挡。

主要表现在六个方面：

一是主责主业出色扎实。南方网是全国首批拥有一级新闻登载资质的重点新闻网站之一，是广东省委机关网，也是广东第一新闻门户。这几年南方网始终坚守党媒定位，持续做好主责主业。南方网从全球排名1万多名上升到700名左右，来之不易，有南方网各位员工的功劳，也有报网端融合之功。

二是技术引领有了方向。南方网从2014年开始全面融入集团，获得了全新发展动能，与南方日报、南方+形成优势互补、错位发展之势，内容竞争力和综合实力大增。集团全力支持其深度参与数字政府建设，接连承接研发了广东省政府网站集约化平台等系列新产品新平台新应用，通过技术驱动创造价值，更好地支撑和引领网站高质量发展。南方网的技术服务能力大幅提升，技术服务收入大幅增加。

三是公司治理卓有成效。这几年南方网在公司治理方面有了翻天覆地的变化。网站过去体量小，前几年从部门包干制，到这几年引进实施企业会计制，南方网的公司治理已向现代化互联网

企业看齐，管理成效显著。

四是解决了生存问题。近几年南方网通过报网端融合发展，解决了生存问题，找到了一条发展路子。网站经营收入可喜，2018年全网营收首次迈入“亿元俱乐部”，2019年、2020年继续过亿，并且收入结构更趋合理，2021年取得营收超过1.5亿元、利润超过2000万元的好成绩；2022年，南方网又大获丰收，营收超过2亿元，利润也稳中有升。

五是民生福利得到很大改善。全体员工共享发展成果，人均薪酬涨幅很大。民生福利的改善，有利于网站引进、培养和留住人才，为未来发展积蓄力量。

六是对外传播不断发力。2020年，集团整合外宣资源和力量，以南方英文网为核心，成立对外传播中心，交由南方网承担统筹、管理和建设职责。这是对南方网的信任，也是对南方网全体员工的信任，更是对南方英文网和外宣工作团队的信任。当前对外传播工作实现全新突破，取得亮眼成绩，成为集团总体传播力大增的重要因素。

南方网当前的发展现状是不容易的。早在二十多年前，互联网开始在中国蓬勃发展，南方网就以广东省委机关网身份应运而生，成为首批拥有一级新闻登载资质的网站，传播力、影响力一度位居全国新闻网站前列。

然而时至今日，新技术飞速发展，新载体层出不穷，商业平台纵横驰骋，其生成和影响舆论的能力日益增强，抢占的市场份额越来越大。而很多全国重点新闻网站作为最早一批网络“原住民”，虽然抢得一些先机、积累了一些资源，却普遍处于缺钱、缺人、缺技术、缺乏有效管理体制和市场意识的境况，目前相当部分依然在困境中苦苦探索转型突围之路。而南方网坚持实施创新驱动发展战略，对外打造高质量服务能力，对内打造高质量支撑能力，实现了全新价值。南方网已经突围而出，正走在良性发展的康庄大道上。

除了盈利路径，南方网更要找到商业模式

南方网已找到发展路子，解决了生存问题，但还要更好地致力于传播能力现代化建设，积极寻找适合发展的盈利模式。

新闻是我们的主责主业，内容的生产和传播是我们的职责所在，让传播能力现代化，让网站排名更前、流量更高、影响更大，南方网任重道远。传播能力建设特别是对外传播能力建设不是一日之功，是个长期积累的过程，我们要抓住这个牛鼻子，以“长期主义”坚持建设现代传播力，只有传播能力实现了现代化，做其他事情才有基础。

南方网虽然取得了一定的成绩，但还远没到安全地带，决不能骄傲自满、高枕而卧，要有居安思危的忧患意识，想尽办法找到可持续发展的路子，积极应对各种风险挑战。虽然目前营收连续多年过亿元，但严格来说，网站只是找到了盈利路径，其商业模式并无大的突破创新。南方网要致力构建低投入、高产出的新商业模式，继续发力于各类技术产品，基于互联网提供更多标准化的产品服务；要不断挖潜商业广告，让网站的收入结构更加均衡合理。

南农这支“最懂‘三农’的团队”很拼

南方农村报深度服务“三农”工作，是我国“三农”媒体中的领跑者。不过，在集团的媒体矩阵中，前几年南方农村报的表现并不算突出，其传播力、竞争力的提升存在“天花板”。

从2017年起，集团与广东省委农办共同牵头成立广东乡村振兴服务中心，交由南方农村报具体承办。南方农村报以此为突破口，加快智慧转型，深耕垂直领域，壮大综合实力，为产业及广东乡村振兴战略的实施提供高品质、专业化、特色型的智慧服务。在服务乡村振兴的同时，南方农村报也成就了自己的发展奇迹：2018年营收首次突破亿元大关，成为国内难得一见的“亿元农媒”，此后每年稳步提升，2021年营收已达2.58亿元，2022年也同样取得骄人业绩。

南方农村报取得了辉煌成绩，激发激活了大家对乡村振兴的热情、对“三农”传播市场的青睐。这个“大家”不是南农的“大家”，而是社会上的“大家”。大家以前没想到“三农”传播市场竟是这么大，于是争先恐后，都想来瓜分一二。“三农”领域大有可为，当然竞争也越来越激烈。

这些年，南方农村报追求报道大众化、内容专业化、经营市场化，同事们热火朝天干事创业的劲头十足。有个视频讲南农的小伙伴们“以身试吃”，吃坏了身体吃出了毛病，只是出于让读者有更真切的感受，以至他们自嘲是“最懂吃的团队”，这是大家为南农事业拼搏的贴切写照；有很多同事干活到凌晨两三点，干脆睡在办公室，这是南农人“以社为家、以社为荣”的形象剪影。

正是经过大家的用心、用智、用功、用力，南方农村报的发展牛气冲天。

第一个“牛”在影响力。这几年南农拿了很多奖，有先进集体、先进单位，还有一大堆感谢信、表扬信。省委把农村报当成在农村口的机关报。有人开玩笑说，现在集团大楼的电梯数量本来是够的，但是现在经常被农村报的人“征用”，因为有很多客户来洽谈，一波又一波。我听着这样的“抱怨”，很为农村报感到高兴。这侧面反映了农村报这几年的转型发展是成功的，今时今日的影响力和综合实力非同小可。人家认可你，才会尊重你、拜访你。

第二个“牛”在生产力、传播力。农村报作为垂直类媒体，设有十数个专业产业小组，专注于柑橘、香蕉、荔枝、龙眼、玉米、小龙虾等细分领域，全力打造涉农信息输出港。大家善用互联网干事业，短视频+直播是南农内容生产的标配，全年仅在南方+的直播就多达400多场，在微信、微博、各类视频号上的表现也是可圈可点。我们看到，南农人充分激发创新潜能，把“三农”宣传做得很有趣、很好玩，优品不断、爆款迭出，不但占领了农村报自有媒体，还占领集团的移动平台——南方+客户端。

第三个“牛”在营收力。2021年南方农村报有2.58亿元收入，利润竟然比较高！我用“竟然”是表示惊讶，也表示惊喜！很了不起。在营收力大幅提升的同时，南农的服务力也大为增强，比如为广东省推进乡村振兴战略提供第三方考核评估，既擦亮了品牌、做出了影响，也做出了经济效益。

南农身处高位，进攻是最好的防守

“三农”传播市场竞争加剧，木秀于林、风必摧之。南农处在高位，光靠“守”是艰难的，还要“攻”，进攻才是最好的防守。

要抓住传播力建设不放松。南方农村报要高度重视传播力建设，将此作为基础性、根本性工作抓紧抓实。没有传播力就没法对现实人群产生影响，就没有营收力、没有服务力。以前内容传播靠纸媒，现在靠移动互联网。我们面向互联网的生产水平要进行迭代，传播能力要跟着升级，覆盖范围要更加广泛。不把现代传播能力建设好，走不了长远路，成不了宏伟业。

要持续专注乡村振兴传播市场。这个市场的前景“大家”都看到了，越来越多人挤上来，想要分一杯羹。南方农村报不能小富则安、小进则满，“躺平”于业绩大增长的喜悦当中。实事求是地讲，南方农村报的转型还没有完成，还没有彻底脱离生存危险线，应该居危思危，持续深耕“三农”传播市场。

用优质内容擦亮金字招牌，南周还要持续给力

南方周末是中国名报，是集团品牌声名鹊起的重要组成部分，我们怎么评价南方周末的影响、评价南方周末对集团的重要性都不为过。

南周这些年在采编、经营、转型等各方面的工作都取得不俗成绩。采编方面，这几年没有丢掉看家本领，有品质、有流量、有深度、有影响力的优秀作品比比皆是。经营方面，南周自2018年开始整体收入连续4年实现增长，2021年营收达1.7亿元，利润大幅增长；2022年，营收超过2亿元，利润1000多万元，取得近年来的最好成绩。事实上，近年来很多市场化媒体收入都在下降，无论新媒体还是传统媒体，营收能上涨且还有利润的极少。南周能获得这样的利润，算是真正走出了亏损的低谷。

在集团内部，南周的转型与别的媒体比是相对难一点的，因为体量不大、人员不多，成本压缩空间有限，要保持总收入不减，还要有利润，不太容易。这几年南周采编人员的薪酬不仅没减，还有上涨；经营系统员工薪酬与业绩涨跌挂钩。南周的同事可以靠自己理直气壮地拿到全额年终奖，格外值得高兴。

“内容立命、服务安身”这8个字是南周的发展密码。这些

年来，即使在最困难的时刻，南周也坚定地加大对内容的建设，喊出“对内容的投资仍然是南周当前性价比最高的投资”的真知灼见。

南方周末早已不仅是一份报纸。从受众规模来看，报纸在南方周末的全媒体传播体系中已是一个较小的结构单元，主战场早已转向互联网，也早已不依靠传统报业“二次销售”的商业模式来生存发展。

南周2018年提出付费智媒建设计划，成为中国首家设立网络软性付费墙的报纸，开始为线上刚需用户提供全面升级服务；经过5年建设，每年为南周带来数以千万元量级的新型收入、几十万会员以及知识付费课程用户。同时，南周的客户端、第三方平台账号也有很好的影响力和营收力。

每家媒体都要找到一条适合自己的转型之路，南周提出付费智媒建设计划，路子是对的。开局良好，后程怎么巩固提升，怎么走上康庄大道，还有赖于持续给力，还要继续用优质内容来擦亮“南方周末”的金字招牌。

2021年《南方周末》发行量增量超过3%，很了不起。在移动互联网的冲击下，绝大多数市场化报纸都只有非常小的发行量，《南方周末》能逆势上扬，归功于优质内容的力量。从趋势看，报纸这个介质肯定会慢慢消亡，但也不是绝对没有生存空间，纸质精品、有特色的纸媒还是有市场的。

南周的内容品质、文本特色不能丢掉。用南周一位同事的话来说，“只要采编内容貌美如花，经营就能够赚钱养家”。这说明内容很重要，在内容上不舍得投入，就没有传播力、影响力，也就没有营收力、利润率。

南周现在的传播渠道，既有纸质报刊，也有网站、客户端、“两微”，还有付费阅读产品、智库产品，现在的转型方向，走下去是可持续的，但是怎么样走得更好更快，还需要同事们付出艰苦努力。

四大能力养成，南都已有生存之道

南方都市报在集团有着举足轻重的地位，能否持续发展，不仅对南都至关重要，与整个集团的发展也息息相关。我曾为南都骄傲过，也为南都焦虑过。当广告大幅下滑、年终奖大幅下滑的时候，我和同志们一样，为南都前景忧心苦思。还好，大家共克时艰，在几届南都班子的带领下，现在南都走出了一条比较成功的特色转型之路。

移动互联网时代，都市类媒体受到很大冲击，传播力、影响力、营收力都受到大幅抑制。互联网对媒体的影响是颠覆性的，它对南都有两个影响，致使南都“所长”变成“所短”。一是社会新闻、即时新闻、动态新闻、突发新闻，这些以前是南都的所长、所优，也是南都独有的，现在被代替了。二是南都作为市场化媒体，广告收入曾经高达十几亿元，是“扒钱”的高手；但资本具有逐利性，以前南都做得好，广告商把广告投给你，现在不好了，就不投你。

但是，南都经过近几年的艰辛探索实践，走出了一条特色之路，转型比较成功，体现在以下四个方面：

第一，南都的金字招牌还在。近年来，很多都市类媒体未能熬过“寒冬”，成了历史。一些报纸虽然还未休刊，但发行量式微。一些媒体虽然传播力和影响力不比南都差，但是其营收力不如南都。存在是发展的第一步，南都的金字招牌还在，没被历史湮没，非常难得。

第二，强大的内容生产能力还在。南都这几年生产的优质内容，包括即时新闻、主题报道、专题报道等，流量高企、精品迭出、优品不断，非常难得。

第三，营收能力很强且结构非常合理。南都的营收结构中，新媒体和新服务能力占了七成，报纸收入不到三成。有同行数了南都的版面，不相信南都能有四五亿元的收入。但他不知道南都营收早已不再依赖版面，而是靠创意、靠服务和靠新媒体的传播效果。与南都历史巅峰期相比，南都现在的成本收入比更优、利润率更高。这充分说明南都团队的管理有水平，公司治理比较好。

第四，服务能力和变现能力很强。南都找到了一条特色转型之路，内容生产能力和服务能力实现了变现，而且变现能力很强。南都既不完全是“借船”传播，也不完全是“造船”传播。实事求是地讲，南都的自主传播平台并不突出，但是南都找到一条变现之路，数据产品、智库产品、创意产品都实现了变现。

以上是南都的四个优点，也是南都的四大能力。概括成一句话就是，南都已解决了生存之道。南都不仅要继续保持这些优势，还要发扬光大，往更高、更优、更好、更强的方向去提升。

南都千难万难也得建好自主平台

南都还要找到发展之道。既不能因为要发展而影响了生存，也不能只顾生存而不顾发展，生存和发展要比翼齐飞。

我们是报业集团，报业不是报纸业，而是报道业，报道不能离开内容的生产和传播，两者都很重要。现在，南都虽然有强大的内容生产能力，但是自主传播能力还比较弱。大家要有危机意识：没有传播，就无法履行主责主业。我们的主责主业是办好自有媒体，履行好新闻舆论工作职责。

南都内容的传播包括两块：一块是自主传播，一块是“借船”传播。南都“两微”、第三方平台公众号是“借船”传播，南都App、N视频、奥一网属于自主传播，但目前自主传播占比还不高。这两年集团整合了南都的技术力量，涉及内容生产和传播的采编发系统均由南方智媒研发中心负责，给南都自有平台提供更加有力的技术支撑，将N视频、南都App的技术底盘打得更加牢固，南都的自有平台未来值得期待。

“借船”传播要不要？肯定要！但必须以自主传播为基础，没有自主传播，“借船”传播就是纯粹为他人作嫁衣裳。第三方社交平台，巴不得南都有大量的优质内容提供给它，你做内容它欢迎之至，你要是做经营，肯定就会有障碍。所以，南都在把自已现有优势与能力发扬好的同时，还要进一步加强自主传播能力建设，进一步建强自有平台，这样才能实现可持续发展。

融入南方+也是南都建设自有平台的一种方式。南方农村报原来也想办App，后来实践证明，依靠南方+完全没问题，因为很多直播在南方+上都有高流量，10万+、20万+流量的直播，已经比比皆是，比自己办一个强多了，所以，现在南农也打消了此念。现在，南方+上50万+、100万+流量的稿件已经越来越多，而且这些数字是内部考核用的，是真实可靠的。

南都一定要增强自主传播能力建设的意识，在保持原有特色、节奏、方向的同时，必须把自主传播能力建设、自主可控平台的建设列入议事日程。当然，建设一个自主平台很难，但是即便千难万难也要走出这一步。否则，自主传播能力下降，南都的发展将受制于人，没有传播能力加持的发展模式走不久远，长此以往南都的金字招牌就会暗淡，发展就会受限受损。

“铁肩担道义，妙手著文章”，这是新闻人的情怀。但是，没有自主传播、自主平台，我们怎么去担当社会责任？用别人的平台当然也行，但你无法发挥影响力，无法影响社会进程。影响社会进程，促进社会进步，这是新闻人最值得骄傲的地方，我们千万不要把它丢了。因此，大家一定要认真思考，南都App、N视频如何打通，这两个App和南方+又怎么打通，如何把原有的资源、产能进一步向移动平台转移，如何建立适配平台建设的高效生产机制。我们念兹在兹的自主可控平台建设，南都要走出一条新路子来。

六条经验要坚持发扬

面对复杂意识形态和信息技术革命带来的诸多挑战，所幸，我们已初步走出了一条有南方特色的融合发展之路，各媒体的小生态融成集团的大生态。以下六条经验具有共性，值得坚持和发扬：

必须始终坚持党媒姓党。这是我们生存发展的第一前提。高质量发展首先要安全发展，把好关，管好人，管得住，管得好，不出错，不出事。要选优配强各级领导班子，将最优秀的人才放在最关键、最合适的岗位。

必须始终坚持以内容建设为根本。这是我们安身立命之本，是媒体通往人心的唯一钥匙。还要不断推动内容供给侧结构性改革，坚持“权威信息供应者、人民精神文化产品提供者”的定位不偏离，以内容优势赢得发展优势。

必须始终坚持传播能力现代化建设。媒体作为社会信息流转的介质，传播力是最根本、最基础的能力。传播力建设好了，在此基础上的经营、拓展、服务等功能、业务，便可以水到渠成。而没有传播力，就没有一切。我们必须一切从现实出发，做必须做、能做成之事。

必须始终坚持服务国家战略、民族复兴。要牢牢抓住国家推进治理体系与治理能力现代化的机遇，积极参与数字政府和智慧城市建设、乡村振兴建设、文化强省建设、国家形象塑造等。

必须始终坚持优化治理。不断优化治理理念和治理结构，是改进生产关系、解放生产力的关键一环。还要不断优化治理体系，提升治理能力，更好地向管理要效益，构建更加适应媒体融合、产业转型、技术引领与管理创新的内部治理新模式。

必须始终坚持人才为要。人才是第一资源，是事业发展的根本保障。综观南方报业的发展历程，有两样东西最为成功、最为宝贵。一是人才，良好的土壤使一批批人才成长成才成名，这是南方报业事业生生不息、历久弥新的关键。二是传播力，这是南方报业履职尽责的根本。要不断完善全媒体条件下的用人机制、激励措施和薪酬政策，建设好“幸福集团”，使人才有更好的幸福感、获得感和归宿感。

“17个抓”，建设新型主流媒体要持之以恒

我们要始终牢记南方+的建设是新型主流媒体建设，是现代传播力的重构，是面对移动互联网战场的能力建设。这几年来我们的系列战略、战术举措行之有效，必须长期坚持，不可半途而废；必须全面推进，不能有所偏废；不能只及一点，不及其余。

一是要抓“下沉”但也不要忘了抓“上升”。集团一直以来都在抓“下沉”，如今要抓得更“下”、沉得更深；同时也别忘了抓上升，要抓传播力、影响力、营收力的提升，抓内容品质的提升。

二是要抓“群众”但也不要忘了抓“主流”。抓群众就是要用主流价值观去影响群众，要尽量多地“占领”群众、掌握群众；同时也别忘了抓主流、抓“三高”（高素质、高消费力、高影响力人群），要继续抓这些人群的下载、打开和点开率，影响有影响力的人。

三是要抓“开拓”但也不要忘了抓“深耕”。要开拓更多的市场、更多的蓝海；与此同时，也别忘了抓“深耕”，南方+现有的400多个合办频道，不能像小熊掰玉米，掰一个丢一个，必须进一步深耕、巩固，提升内涵，做到开拓与深耕并举。

四是要抓“政务”但也不要忘了抓“商务”。不论是政务新闻还是政务广告，都还可以进一步开拓，一直深入到区县、街镇甚至村居；同时也别忘了要抓“商务”，特别是在区县、街镇频道，诸如美食、打折类广告等都有很大空间。

五是要抓“资讯”但也不要忘了抓“新闻”。要抓好下沉频道的政务资讯、商务资讯和消费资讯，要形成好的“端相”；同时也别忘了抓新闻，新闻是我们安身立命之所，是我们的拿手好戏。

六是要抓“营收”但也不要忘了抓“内容”。营收很重要，我们一定要抓紧抓实营收；同时别忘了抓内容，内容是我们的安身立命之本，是我们的主业。

七是要抓“流量”但也不要忘了抓“质量”。稿件没有点击量不能说是好稿，一定要抓流量、抓爆款；同时也要抓质量。这几年纯新闻流量也在增加，纯新闻是专业能力、文以载道的体现。

八是要抓“建设”但也不要忘了抓“管理”。我们大抓南方+的建设，大抓内容建设；同时也要严抓管理，严抓“四个管理”“三个全覆盖”。

九是要抓“长尾”但也不要忘了抓“头部”。要抓政务广告、新闻资讯长尾，做长长尾，长尾越多越好；同时也别忘了做强头部，抓好内容的头部、经营的头部。

十是要抓“开放生产”但也不要忘了抓“专业生产”。要抓好南方号、共建频道、拍客等开放生产，建立通讯员和拍客队伍；同时也别忘了抓专业生产，这是我们的本职工作。

十一是要抓“内涵”但也不要忘了抓“呈现”。要抓好内涵的提升、内在张力的扩张；但也别忘了抓呈现、抓品相。客户端内的报道呈现可以再轻松灵动一些、形式多样一些。广告也要有品相。

十二是要抓“大稿”但也不要忘了抓“日常”。抓大稿，抓好重大主题宣传、重大报道战役、深度报道；同时也要抓好日常报道、即时新闻。

十三是要抓“开源”但也不要忘了抓“节流”。要抓开源，增加收入；同时也别忘了抓节流，该投入的投入，该节省的要节省。

十四是要抓“事业”但也不要忘了抓“人才”。在抓新闻事业、集团主业的同时也别忘了抓人才成长，实现事业与人才齐飞共荣。

十五是要抓“收入”但也不要忘了抓“投入”。抓投入是为了事业的发展，也是为了以后的产出。

十六是要抓“业务”但也不要忘了抓“党建”。我们是业务单位，既要抓好业务，也要抓好党建，做到以党建工作引领业务工作。

十七是既要立足广东也要放眼全国。做深做透广东，办成“广东传播主平台、湾区第一端”；也要辐射全国，办成全国一流的新型主流媒体，力争成为全国标杆新媒体。

附 录

传播力重建，融合转型转出新格局

南方报业是中国最早推动传统媒体与新兴媒体融合发展且成效较明显的传媒集团之一。2013年至今，南方报业积极响应中央号召，从自身可持续发展需要出发，探索实施具有南方特色的媒体融合战略，把原来纸上的强大传播力转移到互联网特别是移动互联网，开始了传播力重建之路。从2015年开始，集团各媒体传播力、影响力、营收力触底反弹，逐年上升。特别是近两年上升速度较快，多项指标处于历史最好水平。

南方报业的改革概括成一句话，就是以提升传播力为首要任务，推动报业集团向具有强大传播效能和综合竞争实力的全媒体集团转型。目前，集团构建了以《南方日报》为龙头，报刊网端微屏等多元传播矩阵，包括5家报纸、8种刊物、1家出版社、16个网站、6个手机客户端，还拥有370个微博、微信、抖音、头条号等第三方平台账号，3000块互动触控屏，1万平方米户外LED大屏。南方报业已从原来“纸媒时代”的一纸风行，到现在“纸”与“网”两大传播介质并存共生，初步建成内容结构合理、传播实力雄厚的全媒体集团。原来办得很好的纸媒，现在依然办得不错；同时集中资源办的自主可控移动平台也起来了，南方+客户端已成长为高传播力、高影响力、高营收力的新型主流媒体。可谓“旧业还在，新业初成”，“此长彼长，此优彼优”。

我们坚持转型但不转行，一直将主要精力放在办好媒体、做好内容生产传播上，通过做强主业，让传播力、影响力产生溢出效益，从而撬动产业、带来多元收入。这几年集团收入结构发生重大变化，各业务板块的平衡性不断改善，新的增长点不断涌现。2020年集团新媒体经营收入占总营收比重达21%，规模接近传统广告收入。以前占营收半壁江山的报刊发行收入，现只占26%，说明原来过于依赖传统业务的局面已得到改变。传播力提升带动的多元化业务收入占比达29%，并逐步成为集团主要业务板块。

一、改革理念：没有传播力，就没有一切

媒体作为社会信息流转的介质，传播力是其最根本、最基础的能力。传播力建设好了，在此基础上的经营、拓展、服务等功能、业务，便可以水到渠成。而没有传播力，就没有一切。

究竟什么是传播力，如何全面准确把握传播力？在新的媒体格局下，南方报业传媒集团为何如此重视传播力，如何以传播力重建为最主要任务，走出一条具有南方特色的融合转型之路？

1. 认识传播力：传播力是媒体实力、能力和效力的综合反映

综合学界研究来看，新闻媒体传播力主要指实现有效传播的能力，包含传播实力与能力。只有凝聚社会共识和主流价值观，形成正向传播效力的新闻媒体，才可以说具有强大传播力。我们在实践中把传播力定义为：新闻媒体通过内容生产、分发形成积

极社会效果的能力，是媒体规模实力、覆盖能力以及传播效力的综合反映。评价新闻媒体传播力的主要指标是：采编实力、传播能力和传播效力。影响传播力的主要因素有：传播内容质量、媒介人员素养、传播渠道建设、技术支撑手段和媒体经济实力等。提升传播力的关键在于：打造“高品质内容生产—精准分发与广泛覆盖—形成积极有效影响”的传播闭环。

2018年8月，习近平总书记在全国宣传思想工作会议上，提出要提高新闻舆论传播力、引导力、影响力、公信力的要求。一方面，新闻舆论“四力”是一个有机整体，相互作用，互为促进，但“四力”之间并不是绝对的正相关关系。例如很多自媒体的爆款文章，虽然传播力强、阅读量高，但并不等同于公信力强，甚至有的自媒体爆款在引导力上还有可能与主流价值观相偏离。另一方面，要增强新闻舆论“四力”，打造新型主流媒体，传播力的基础性作用是毋庸置疑的，离开了传播力，引导力、影响力和公信力就会成为无源之水、无本之木；只有不断提升传播力，把高品质内容生产出来、传播开来，才能不断强化媒体机构的品牌和口碑，才能在激烈的市场竞争中抢得先机、赢得未来，才能在多元复杂的舆论场上占据主动、居于主导。

2. 重建传播力：全面提升媒体面向互联网的传播力

改革开放以来，南方报业先后创办了《南方周末》《南方都市报》《21世纪经济报道》《南方人物周刊》《南都周刊》《南都娱乐》等子报子刊，“办一个成功一个”。

重视传播全链条建设，将内容视为媒体通往人心的钥匙，从内容生产开始就带着强烈的读者思维，正是这些媒体在群雄环伺的广东报业市场迅速崛起的密码之一。每一家媒体都聚焦各自的细分领域，每一次改版都不断提升内容的权威性、可读性、贴近性，每一类新闻作品无论是评论、深度报道还是视觉表达、版式设计等，都引领风气之先。此外这些媒体还在全国省报当中率先通过自建发行渠道来提高内容供给效率，通过多元拓展来提高集团各媒体的影响覆盖面。

报纸自诞生以来的四个多世纪中，基本都采用这样的“二次销售”模式来生存发展：第一次销售是把报纸卖给读者，销售的是有独特价值的信息，落脚点是发行量；第二次销售是把读者的注意力卖给广告客户，落脚点是广告量。这样就形成了完整的商业闭环和有效的盈利模式。

但互联网的迅猛发展对报纸的冲击和影响是颠覆性的。“战场”变了——在移动互联网这个全新的蓝海中开疆拓土成为必然趋势；“玩法”也变了——内容不再是唯一的“王”，还有“技术为王”“渠道为王”“平台为王”“流量为王”“数据为王”等，不一而足。虽然南方报业品牌、内容、人才“三大优势”依然存在，但在移动互联网领域，我们的技术短板越发凸显，加上缺乏新媒体拳头产品，这两大掣肘问题导致我们在以互联网思维生产并传播内容、送到用户手中的手段和能力方面，明显落后了。传统媒体面临一定的“用户连接失效”的危机。

在互联网一浪高过一浪的冲击中，要清醒认识到，如果在过去的功劳簿上“躺平”，不进则退，可能会被无情淘汰。互联网时代的媒体生存发展，还是要回到媒体的自身变革上来，回到传播力建设这个根本上来。重建传播力，既要积极拥抱新技术、“新玩法”，又要一切从现实出发，认清自己的优劣势，做必须做、能做成之事，不能在变革中迷失自我。

这些年南方报业改革的方向是正确的，路径是可行的，是符合中央精神、行业趋势和集团实际的。比如南方+经过5年多建设，发展稳健。根据人民网研究院发布的《2019年全国党报融合传播指数报告》，南方+传播力排名仅次于人民日报客户端，位居全国第二、地方省级党报第一；人民网研究院《2020年全国党报融合传播指数报告》显示，作为地方党报App的NO.1，南方+客户端有超过3.1亿的下载量。目前南方+拥有近400个频道，日活数580万，年发稿量超过117万篇，入驻南方号超过7000家,其中与广东各地、各单位合作共建频道超300个，深深扎入基层一线。在2020年以来的新冠肺炎疫情阻击战中，南方+发挥重大作用，凸显广东战“疫”主平台的价值，牢牢占据“广东第一权威移动发布平台”制高点。全省各地群众的朋友圈、小区业主群、学校师生群、亲人朋友群等，纷纷将南方+作为权威信息来源，广泛转发。

二、改革实践：提升传播力的战略与战术

围绕提升传播力这个主要任务，南方报业的实践之路，大致可概括为：以合理介质组成媒体融合生态，战略层面实施“三个

一体化”——内容一体化生产、技术一体化支撑、经营一体化统筹；战术层面实施“四化”——移动化、平台化、可视化、智慧化。在此过程中，果断自我革命，突破体制机制掣肘，培育南方名记人才，引领整体发展变革，提升品牌和影响力。

1. 融合之策：内容、技术、经营三个一体化

媒体融合，指的是气质相近、逻辑相洽的多种媒体融合形成一种新的媒体生态。比如《南方日报》、《南方》杂志和南方网、南方+客户端都是党的权威媒体平台，可以组成一个生态；《南方都市报》《南都周刊》《南都娱乐》以及奥一网、南都App、N视频、各类第三方平台账号都是基于都市类媒体发展起来的，可以组成另一个生态。一个个小生态互融共生形成集团这个大生态。

内容一体化生产，就是整合同一生态圈内的采编力量，形成一支队伍、一个系统服务报网端微多个介质、生产各类产品的一体化生产新格局。比如南方日报的采访力量和资源较强，南方+就不另设采访队伍，南方网记者也不会与南方日报记者重复生产。这就要求南方日报的采访部门及时转变思维方式、生产方式、传播方式，重构组织架构、生产流程、体制机制，全面提升面对全媒体的生产传播能力。南方都市报、南方周末、南方农村报等也与南方+建立了内容共建共享机制。2021年上半年，南方+客户端推出原创稿件近11万条，均是各媒体不分彼此、充分融合、共同生产的，其中来自南方日报各采访部门的

稿件超过3万条。

技术一体化支撑，就是将技术作为“硬核”能力撑起融合生态传播力的底盘，充分整合分散于各媒体的技术资源，共商共建共享强大、统一、高效的技术体系。比如南方智媒云建设就坚持“一个技术系统、一个技术标准、一套技术语言、一个技术思维”原则，为各媒体的数字化传播提供技术支撑和服务。如果每个媒体都组建一支队伍、搭建一套系统、购买大量设备，不仅会造成低水平重复建设，而且很难做到用户连通、流程畅通、数据流通。这几年集团的技术力量迅速壮大，不再仅仅是内容背后的配角，而是走到了新闻生产前线，成为媒体融合转型的发动机和加速器。

经营一体化统筹，就是将南方日报原本只负责报纸广告的经营队伍，转型为服务南方日报、南方网、南方+客户端等多个平台的团队；通过经营制度优化和绩效考核导向，打通报网端，让全案营销和全媒体经营成为可能。一体化经营充分释放了经营队伍活力，提高了党媒抗风险能力。因为是一支队伍，也就没有利益壁垒和沟通障碍，不至于把宝贵精力耗费在如何切分新媒体收入、传统版面收入的“斤斤计较”上。

2. 转型之路：移动化、平台化、可视化、智慧化

围绕移动互联网时代的传播能力建设，因应技术变革所触发的用户阅读场景和需求，南方报业明确提出推进“四化”，着力“在内容的不可替代性、服务的不可或缺性上下功夫”。

推进移动化，坚持“移动优先”，开展一系列全面而深刻的流程再造，推动采编主要力量向移动端转移，着力提升内容品质，奋力抢占舆论制高点。

推进平台化，以打造新媒体拳头产品南方+为切入点，强化内容的专业生产、聚合生产、开放生产，加强与读者和用户之间的互动和连接，打造适应新型主流媒体建设要求的党端、我端、大端、强端。

推进可视化，充分整合利用内外技术力量和资源，创新提升融媒体产品生产能力和手段，以供给侧结构性改革不断满足用户的多元化产品需求，推出一批又一批具有现象级传播效果的可视化产品。

推进智慧化，主要是智能化、智库化，一方面依托大数据技术强化内容分发、精准传播，在内容生产和传播过程中加大技术赋能、创意赋能；另一方面突出“新闻+服务”，打造传媒智库矩阵，生产一系列对象化、定制化智库产品，提升党报围绕中心、服务大局的新能力。

在“四化”中，移动化具有牵一发而动全身的地位。当手机屏幕取代了报纸，当用户可以随时随地轻松获取资讯、与内容生产者无缝连接互动时，其所传达的不只是读者的阅读需求和品位变了，而且是舆论传播场景变了。移动化正是一系列变革的起点。基于移动化变革的平台化、可视化、智慧化，意味着传播枢纽和方式方法的重大变革和综合服务能力的延伸。相比于报纸的单向度传播，移动端平台化充分展现了在内容聚合和服务连接等方面的巨大潜力；图片、直播、短视频、图表、动漫、H5等可视化呈现，为新闻真正“活”起来提供无限可能；综合运用大数据、云计算、人工智能等手段，不仅使新闻生产本身变得更“聪明”、更有针对性，同时拓展出包括智库产品在内的众多智慧型内容品种和服务。

3. 支撑之基：体制机制改革与名记工程

作为治本之策、长远之计，近年来集团对原有体制机制进行除弊革新，“哪里不顺就向哪里动刀子”，对集团提升总体传播效能和综合竞争实力起到重要支撑保障作用。

在组织变革方面，组建了报网端融合运营委员会，全面协调指挥报网端融合运营；南方日报所有采访部都转型为报网端的采访部；完善南方+管理架构，抽调各媒体、各部门精锐力量担任南方+总裁、副总裁、副总编辑、副总经理、编委、频道编委等；成立报网端音视频部、报刊网端理论评论部、报网端版权工作部等，理顺“一体化”工作机制。

在优化流程方面，对原有“三会”制度进行改革，将采前会转变为全媒体策划会，实现报网端一体化统筹协调，突出“三个加强”——加强报网端融合、加强传播效果反馈、加强重点选题统筹。

在薪酬考核方面，改革“工分制”按分计酬方式，在内容生产部门稳步推进以费用包干、一人一策、按质计酬和协议薪酬为基础的“年薪制”薪酬和绩效考核体系。

在人才培育方面，2016年起实施南方名记培育工程，至今6批次近百名培育对象专注主业、制作爆款、全媒作业、做优原创、做强平台，引领采编人员更新理念观念，实现全媒体转型，在人才培育、内容生产、薪酬考核三方面的探路作用非常明显。

综观南方报业的发展历程，有两样东西最为成功、最为宝贵。一是人才，良好的土壤使一批批人才成长成才成名，这是南方报业事业生生不息、历久弥新的关键。二是传播力，报业时代我们办了众多全国都有很大影响的一流纸媒，新媒体时期，我们将传统优势转到移动互联网上，建成全媒体传播体系，使南方报业的政治价值和社会价值持续增长。

三、改革成效：重塑传播体系重构盈利模式

这些年，以内容生产传播为主业的意识在南方报人心里扎了根。在2020年7月集团年中工作会议上，南方周末有位同志说，“对内容的投资仍然是南周当前性价比最高的投资”，“只要采编内容貌美如花，经营就能做到赚钱养家”，引起大家的共鸣。

不管传媒环境如何变化，做好内容生产传播、办好媒体是我们的立身之本和发展之基。这几年，集团旗下各媒体重塑了传播体系，与用户重新建立起有机连接，商业模式和盈利模式的重构也就水到渠成，服务能力和经营能力大幅提升。

1. 南方日报巩固了传统优势，南方+客户端快速崛起

21世纪以来的20年，南方日报从未停止改革创新的步伐，

连续17次改版改革，始终保持“小步快跑，循序渐进”的不竭动力，将这张报纸打造成全新的、优质的“政经纸”“观点纸”“深度纸”，体现政治的高度、思想的深度、理论的厚度、人文的温度、文字的精度。面对互联网冲击，南方日报成功守住了舆论引导力和影响力，也成功稳住了经营大盘。目前报纸发行量超过80万份，连续35年居全国省级党报首位。传统广告营收稳定在3亿多元，连续多年维持高位运行。被誉为中国传媒市场“风向标”的“2019—2020中国传媒经营价值百强榜”中，南方日报连续11年蝉联“省级日报十强”第一位。2021年6月23日，南方日报为庆祝中国共产党成立100周年推出大型特刊《恰是百年风华》，足足260多版，盛况空前，创下了《南方日报》单日出版纪录，获得政治效应、社会效应、专业效应、经济效应的全面丰收。

因为紧紧依靠全集团做好内容、做强技术、做大营收、做好管理，南方+传播力、影响力、营收力在短时间内获得高增长，其中营业收入2016年1000万元、2017年突破3000万元、2018年实现1.2亿元、2019年跃升为2.1亿元，2020年超过2.6亿元。6年来累计利润超2亿元。

2. 《南方》杂志：建设守正创新的智慧型党刊

《南方》杂志是广东省委机关刊。2014年确定了“与集团全面融合”“加快与新兴媒体深度融合”的“两个融合”发展战略，以党建传播、党建研究、党建服务为三大重点，着力建设

“有思想、有温度、有功用、有综合传播力和持续发展能力”的“四有”智慧型党刊社。当前杂志每期发行量突破60万份，成功迈入营收“亿元党刊”行列。

3. 南方网：以“新闻+政务服务商务”实现突围

南方网是首批拥有一级新闻登载资质的全国重点新闻网站，近年来深度参与广东数字政府建设，接连承接研发广东省政府网站集约化平台、粤港澳大湾区（广东）大数据中心和“政务南方云”“南方双创汇”等一系列新产品新平台新应用，在“互联网+治理”领域实现了全新价值。2018年到2020年，南方网连续3年迈入营收“亿元俱乐部”，2020年超过1.5亿元。营收能力反哺内容生产能力，为南方网带来广泛传播力影响力，流量最高进入Alexa全球网站排名前300位，形成良性循环。

4. 南方周末：付费智媒建设计划推进自身重塑

在新的技术与传播大变局下，南方周末2018年起将“付费智媒建设计划”作为转型的顶层战略和行动指南。“付费”是指“南方周末内容付费工程”，即建设计量式软性内容付费墙和打造有南周调性的知识付费产品线；“智媒”是指智库建设，核心是南方周末研究院的建设。这项改革进展顺利，南周报系总收入实现连续增长。其中非发行经营性收入增幅高达20%，整合营销服务收入占比超60%，新媒体平台营收占比上浮显著，业务结构进一步优化，品牌影响进一步加强。来自付费智媒建设计划的新型业务收入快速增长，成为南方周末经营“V”形反转的重要支撑。南方周末成为国内少数可以凭借自身优质内容实现可持续发展的机构媒体之一。

5. 南方都市报：新闻生产与智库生产比翼齐飞

南方都市报经过实践探索，逐步构建起“优质原创+创意传播+智慧服务”三大核心能力，形成“优质原创+民生帮办+检测评价+治理类产品+垂直类产品+创意传播类产品”六大核心产品，建立了智库产品全新标准体系，形成与媒体同行的供给差异，重新标识了新时期市场化媒体内容特色。2020年底，南都营收近5亿元，利润超亿元，利润连续3年大幅增长，接近历史最好时期；营收结构发生质变，新媒体和新服务收入占比远超传统广告收入，达到三分之二。

6. 南方农村报：开拓“三农”垂直市场广阔空间

南方农村报多年来追求报道大众化、内容专业化、经营市场化，深度服务“三农”工作，成为我国“三农”媒体中的领先者。移动互联网的勃兴让南方农村报能够突破传播的时空限制，迎来发展壮大的重大机遇。大力发展融媒体，培养核心用户，深度服务利基市场，构建产业生态圈，实现媒体与产业融合，为产业及广东乡村振兴战略的实施提供高品质、专业化、特色型的智慧服务。南方农村报2018年底营收首次突破亿元大关，成为国内难得一见的“亿元农媒”；到2020年底实现营收1.5亿元，十年间增长十倍。

四、未来：以现代传播能力建设为主要任务

改革没有完成时，南方报业所取得的成绩，跟自身比有了一定的发展进步，但置身党中央战略部署、全国媒体融合发展最好水平的比照坐标中，仍然差距明显，必须继续深化改革、加快转型。

2020年8月，中共中央办公厅、国务院办公厅印发《关于加快推进媒体深度融合发展的意见》，吹响了媒体融合向纵深发展的新号角。南方报业经过深入调研，制定了实施方案，将未来三年改革发展的总体目标设定为：以现代传播能力建设为最主要任务，牢牢把握正确政治方向、舆论导向和价值取向，大力建设智慧型传播体系、多元化产业体系、引领性技术体系和高效能治理体系，形成高质量的媒体服务能力、产业发展能力和支撑保障能力，全面建成具有强大传播效能和综合竞争实力的智慧型文化传媒集团。

重点任务有三项：一是推动主力军全面挺进主战场，把更多优质内容、先进技术、专业人才、项目资金向互联网主战场汇集、向移动端倾斜。二是建成高水平新型主流媒体，用2至3年时间，有效整合集团各类媒体资源和生产要素，将更多人财物投向南方+，将之建成高水平新型主流媒体，实现总下载量继续位居全国前列，日活上千万，日均发稿量超5000条、年营收超3亿元；围绕“大湾区、年轻态”的定位，将N视频打造成为“视频版广东发布”，成为广东最权威的视频平台。三是加快构建全媒

体传播体系，完善媒体融合发展规划布局，既“造船传播”，又“借船传播”，最终形成资源集约、结构合理、差异发展、协同高效的全媒体传播体系。

媒体融合发展是持久战。已初步实现传播力大幅提升的南方报业，当前传统主业稳定增长，新媒体业务加速增长，多元化业务收入初具规模。只要我们一张蓝图干到底，持续推进现代传播能力建设，必将在新的媒体格局下展现新的生机活力。

（本文刊发于《南方传媒研究》2021年第4期）

南方名记培育工程的“三个探路”意义

2016年10月，南方报业传媒集团启动实施南方名记培育工程，在业界引起较大关注。原因不仅在于南方报业意识上先人一步，率先将习近平总书记提出的培养全媒化复合型专家型人才队伍要求作为一项工程来落实；还在于理念上先人一步，“打造主流网红”口号直指当前新型媒体人才匮缺痛点的破解之道；更在于行动上先人一步，从旗下媒体中遴选了3批次40多人进行精心培育。这批网红记者“换一种姿势”传递主流思想价值，提高正面宣传的接受度，在泥沙俱下的网红群体中成为一股清流。

培育南方名记、打造主流网红的背后，是南方报业培育报网端深度融合新生态过程中，不断突破原有体制机制障碍的尝试和努力。时至今日，检视成果，我们认为，这项工程在人才培育、内容生产、薪酬考核三方面探路有成，破局作用明显，成为建设新型主流媒体的“神助攻”。

一、为人才培养机制改革探路

人才是决定媒体生死存亡的第一生产力。习近平总书记强调，媒体竞争关键是人才竞争，媒体优势核心是人才优势。具有新媒体采编运营能力的新型人才严重匮缺是传统主流媒体共同的

“心头痛”。南方报业面临转型重任时也不例外。虽然我们曾经培育出一批又一批名编名记，但这样一种成功培育了“纸红”的机制，如果照搬照套培育“网红”，就会力不从心窘况频出。

新型媒体人才不会从天而降，等不起、要不来，只能因地制宜自己培养，探索全新的人才培育模式。南方名记培育工程实施后，集团上下、业界内外都十分关注，诸多打破惯例的做法体现了改革创新精神。

严遴选、强退出。与传统的名编、名记、首席记者、首席编辑评聘制度不一样，我们摒弃“一朝评定，终身荣耀”的做法，而是一年一聘，严进严出。遴选时我们不搞论资排辈，不搞平衡照顾，不拘一格选人才，至今已在2016年、2017年、2018年分3批从南方日报、南方杂志、南方网、南方农村报、南方周末、南方都市报等媒体中公开遴选了40多名具有突出能力和培养潜力的年轻人作为培育对象。南方日报2018年初“全体起立”，全部记者重新竞聘，最后通过投票确定了新的培育名单，有人进、有人出，较好地保持了队伍的新鲜度和活力。

重培育、强服务。与传统的“大一统”培育方式不同，由于每个培育对象各有所长、主攻方向不一，我们的培育支持方式也不同，一人一策，因人施策，鼓励他们既展“一技之长”，也求“多才多艺”，成为各自领域的不可或缺的领军人才。每个培育对象的背后，有两支队伍作强力支撑。

第一支队伍是他们跨报网端“点将”组建的工作室，团队成员既可以专职，也可以兼职，还可以包括文字、编导、摄影、剪辑、后期包装、动画制作、运营推广、市场开拓等。第二支队伍是由记者所在媒体总编辑任组长，各相关业务部门、职能部门负责人组成的服务组。服务组一方面做好业务碰撞、脑力激荡工作，帮助记者们策划发展方向，发掘特长潜质，解决好业务瓶颈问题；另一方面做好后勤保障、服务协调工作，帮助记者们调配资源、宣传推广、计薪取酬，解决好后顾之忧。服务团队的高层级、高规格非常有必要，因为“网红名记”培育工作是新生事物，没有先例可循，需要协调解决、摸索的问题很多，仅靠一个人左冲右突效果有限，必须是组织行为、倾斜支持、精心打造。

压重担、托重任。培养创新战斗力的大招是在年轻人稍显稚嫩的肩上压上重量恰当的担子，使他们形成职业的自驱力，头顶“网红名记”光环，肩扛内容创新大任，通过更多实践来增长才干、快速成才。比如南方日报评论员丁建庭2017年共撰写319篇评论，包括148篇评论员文章、119篇报纸署名评论、52篇叮咚快评，另外参与撰写19组系列评论。此外，他作为主力撰写了8篇内参，参与了4篇重要通讯的写作，在人民日报发表了2篇署名评论。南方日报记者郑佳欣带领团队在南方+客户端上打造“珠三角观察”品牌栏目，2017年运用文字、视频、H5、网络调查等形式刊发深度区域观察文章107篇，基本达到“每3天更新1篇”的频率，把“硬新闻”做成刷屏爆款，每更新一篇都能在互联网上引起强烈关注，频频得到各地高端用户的主动回应。这样的工作强度、成绩是传统采编人员望尘莫及的。

实践证明，这样的培育措施是成功的。通过高强度锻炼，这批记者成长速度快。相比传统人才培育办法，成才周期大大缩短，南方名记潜能得到极大地挖掘。绝大部分培育对象在这个过程中成功实现了转型，从一开始进军新媒体，到后来有能力去引领新媒体，破茧成蝶实现了转型。南方名记也成为南方报业的一张靓丽名片，达到了记者个人出名、集团品牌出名“两个出名”的目的。

目前南方名记还属于“特种兵”，很能干，但数量少，远不能满足集团改革转型需要。接下来我们将复制推广这种新的人才培育模式，让更多的采编人员享受到“一人一策”的培育方式，让更多的人才脱颖而出，形成数量充足、素质过硬的全媒化集团军。

二、为内容生产传播改革探路

不管是传统媒体，还是新兴媒体，媒体属性都是其第一属性，内容生产传播是媒体的主业。弱内容主业而强多元产业，从媒体的职责使命来看，这是失职；虽在做主业却固守原有生产方法、传播方式不做改变，自娱自乐，自弹自唱，同样也是失职。这是一个呼唤变革、需要创新的时代。

有别于传统报纸以“天”为周期、以“版”为载体的内容生产模式，新媒体在时间上没有截稿时点，在题材上无边无际，在容量上海量储存，天地广阔，大有作为。南方名记培育对象在这片广袤的蓝海中探索，重点发力于融媒产品的“无人区”和“高门槛区”，集中打造优品爆款，有效提升新闻舆论“四个力”。

专注主业、制造爆款。他们将施展舞台从报纸向网端扩展，写报道、当主持、搞直播、录视频、做H5，围绕中心、服务大局，关注热点但不消费热点，有时卖萌但绝不媚俗，生产出了一批导向正确、特色鲜明、影响广泛的优品爆款。比如南方日报记者赵杨工作室打造了《武松来了》以案说纪、以案说法脱口秀节目，两季8集节目的全网点击量超过2个亿，拉动南方+客户端新增下载量达100万+，获得广东省委、省纪委、省委宣传部主要领导同志的充分肯定；连续两年推出《两会TALKS》短视频节目，总点击量超过1亿，被国家新闻出版广电总局评为“2017年度十佳短视频新闻”。以往正面宣传的作品阅读量达到2万+就算不错了，在这批名记的带动下，现在南方+客户端的统计数据表明，10万+、50万+的正面宣传作品已屡见不鲜，100万+、1000万+甚至上亿阅读量的爆款也不断涌现。

一个厨房、全媒作业。他们从原来的“跑线记者”，转身成为负责一个领域的报网端报道、舆情产品、智库产品、公号维护等各项目产品的“经理人”和制作者。一个厨房，一支厨师队伍，做出不同的菜肴，供各个渠道选用，这样的作业模式日渐成熟。

南方日报记者吴哲工作室推出“世界级湾区深调研”全媒体系列报道，6名骨干记者历经40天实地走访、近一年调查研究，最终形成了“5个一”的产品序列——一份调研报告、一份内参、一组报纸深度报道、一组全媒体产品和一组专报，总字数超过10万。该系列产品通过南方报业报网端以及知乎、豆瓣等多个平台立体传播，反响热烈，广东省省长马兴瑞每期都看、都批，广东省发展改革委将相关建议体现到“大湾区规划”中。南方都市报记者王佳工作室2016年推出“700元买到同事行踪”“裸条借贷”等报道，获得巨大反响。2017年王佳工作室推出“地下色情直播平台”揭露报道、白内障“神药”莎普爱思风波、“网络营销号乱象调查”等，每推出一篇均获得巨大反响，国内众多媒体跟进报道，相关部门积极回应，中宣部也给予充分肯定。2017年这批记者的新媒体业务超过其总业务的2/3，很多项目都是基于移动端而策划的，基本没用到报纸版面，或者只在报上露个脸，用二维码链接导读。

做强平台、做优原创。南方+客户端是南方报业打造的自主可控、传播力强的新型传播平台，是南方报业忠实履行党媒职责使命、占领舆论引导制高点的重要成果。南方名记培育对象以南方+客户端为主要阵地，提供了大量优质原创内容支撑，让南方+成为主流用户获取政治新闻资讯的首选平台，为做大做强南方+立下了汗马功劳。持续发酵的“爆款效应”，有效带动了南方+下载量与流量的稳步提升。南方+客户端在2015年底创办至今，两年多时间发展迅猛，2017年底下载量突破3000万，支撑经营收入超3000万元，南方号入驻机构超3000家。现在南方+在主流人群中的接受度越来越高，影响力越来越大。

一个人走得很快，一群人走得更远。南方名记带领工作室团队，带动更多采编人员更新理念观念，实现全媒体转型，进入到舆论引导的网络主战场。

三、为薪酬分配制度改革探路

在全媒体时代，我们猛然发现，传统媒体实行多年的按件打分、按分计酬的薪酬考核办法不灵了。制作一档多集的视频产品怎么计酬？经营一个微信公众号怎么考核？怎样激励记者到新闻现场后，又写消息，又写深度报道，还要拍视频、做H5，或者写内参？薪酬分配制度改革在总体改革中难度最大、最为复杂，因此探索新的更加科学公平合理的薪酬考核制度也就更有意义。我们从南方名记培育对象入手，试行了两种考核办法。

第一种方式是固定月薪+年度奖励的办法。就是制定了月度任务和年度任务，让南方名记培育对象从日常琐碎事务和“计件工资”中适度解放出来，每月有相对固定的薪酬保障，到年底根据年度任务完成的质量、影响、成效等，给予不同档次的奖励。在2017年考核周期中，南方日报13名网红记者在年度考核中全部达标，年度考核奖金都比较可观，总收入相比2016年都有不同程度的增长。其中赵杨获评“优秀”档之上的“卓越”档。我们认为从赵杨在2017年的突出贡献和示范意义、探路意义来看，是完全配得上“卓越”两个字的。

第二种方式是年薪制。南方都市报率先对南方名记培育对象实行“一人一策”的年薪制，效果良好。从2018年开始，南方日报所有培育对象也实施年薪制——年初协商好各自的年薪，对应确定年度任务，到年底进行数量、质量、流量等方面的考核，完成任务则给予100%年薪，未完成则依次扣减。实行年薪制的目的，就是希望名记从紧盯一条条稿、一件件事中解放出来，从“做事”向“做成事”转变，集中精力经营转型融合的优势项目、品牌栏目、重大题目，释放创造力，生产更多精品力作。

对比这两种方式，虽然第一种比原有的按件计分、按分取酬有了一定的改进，但依然存在不够合理的地方。全媒体时代，实行第二种“一人一策”的年薪制是大势所趋。我们希望在这些记者身上积累经验后，逐步在全体采编人员中推广实施新的计酬方式和分配制度。

南方名记培育工程虽然取得了一定成绩，但在实践过程中也存在一些不足之处：一是“网红记者”表现参差不齐，有的成绩特别突出，有的还看不出太大变化；二是“网红名记”所在的媒体和部门的支持力度参差不齐，有的众星捧月、精心栽培，有的不闻不问或看个热闹；三是“三个探路”的突破力度参差不齐，有的制度设计走得比较远、突破比较大，有的“硬骨头”却迟迟没有啃下来，还未拿出更科学的解决方案。

我们虽然在人才培育改革中抢先一步，打响了头炮，但兄弟媒体你追我赶，先后推出各自的网红队伍。我们将取长补短，不断加强和改进南方名记培育工程，在新时代为党的新闻事业培育更多全媒型专家型媒体人才。

（本文刊发于《南方传媒研究》2018年第2期）

建设高水平新型主流媒体要抱持“长期主义”

媒体融合发展作为国家战略推进有年，全国主流媒体各自发力，建成了一批具有强大影响力、竞争力的新型主流媒体。南方+客户端作为其中先锋，发展路径独特，建设成绩亮眼，综合实力位居全国前列。

但在连续多年的快速发展后，我们有些人开始显露疲态，南方+增速有放缓之忧。下一步怎么看、怎么干？2022年初，南方报业传媒集团发出坚持“长期主义”的动员令，部署始终对准传播力建设这个“城墙口”冲锋，推动南方+深入实施下沉策略，全力把它建设成为高水平新型主流媒体。

一、南方+初步建成新型主流媒体

南方+客户端上线于2015年10月，是南方报业全力打造的移动端拳头产品。经过持续资源投入和能力建设，它已迅速成长为“广东第一权威移动发布平台”，用户密集覆盖最有活力、最为富庶的粤港澳大湾区，在“全国党报自有App传播力”排名中仅次于人民日报客户端，位居全国第二、省级党报第一，2021年营收额超过3亿元。

内容供应丰足。南方+是平台型媒体，不设单独的采访队伍，内部以南方日报采访队伍为骨干、依靠南方日报和集团其他媒体的采编队伍进行原创内容生产，对外聚合广东7000多家机构入驻南方号进行权威信息发布，更与全省各地党政机关、企事业单位合作共建超过400个频道，大量生产当地人要看、爱看和本地发生的新闻资讯。2021年，南方+年发稿量已超过百万条，端内总流量数以十亿计，内容分发全网后流量超百亿。图文、视频、直播、创意推文等更具互联网传播特质的产品爆发式增长，2021年日均推出短视频450余条、直播10多场。精品、爆款层出不穷，传播深度达几十层、跟评成千上万条的推文不断涌现。

用户海量聚合。人民网研究院发布的《2020年全国党报融合传播指数报告》显示南方+下载量超过3.1亿。根据艾瑞咨询调研数据，南方+日活超过600万，近八成用户平均每天至少使用1次南方+，其中重度使用者（平均每天使用5次以上）比例达27%。而在用户使用时长方面，近七成用户单次使用平均时长在15分钟以上。用户平均年龄32岁，具备高素质、高影响力、高消费力“三高”属性人群占比超过半数。

技术支撑有力。南方+技术能力强大，对平台的技术支撑和赋能能力突出。拥有独立知识产权的南方智媒云系统涵盖内容生产、经营服务、运营管理“三大业务平台”和业务、数据、技术“三大基础中台”，包括200多个子系统和服务，可以支撑亿级用户使用。大数据和人工智能技术贯穿策、采、编、审、发、评、馈全流程。技术研发应用能力位居全国主流媒体前列，荣获

“王选新闻科学技术奖”一等奖等。

服务价值显著。除了为用户提供新闻资讯，南方+还不断提升服务能力，打造了融入区域发展、参与基层治理、服务社会民生的活动体系和运营场景，形成了调研、智库、党建、展陈、物流等多个重点项目，带来了可观的增值收益。商业服务的品牌主要覆盖汽车、家电、金融、通信、地产、教育、3C、电商、医药、美妆等多行业的头部企业。

营收节节攀升。在南方日报多年保持营收平稳不降的同时，南方+的营收从2016年的1000万元，到2017年突破3000万元、2018年实现1.2亿元、2019年跃升为2.1亿元，再到2020年超过2.6亿元、2021年突破3.16亿元，年年攀升，势如破竹。6年来累计利润超过3.2亿元。这样的营收能力在全国都是不多见的。

二、建设新型主流媒体要抱持“长期主义”

在南方+建设取得一些成绩以后，有些人出现了疲态和懈怠苗头。主要表现在三种心态上：一是有的同志觉得烦了。整天讲媒体融合，整天讲建设南方+，整天讲传播力建设，讲了几年了，能不能讲点别的？二是有的同志觉得差不多了。南方+取得骄人成绩，放眼全国，办得比南方+好的客户端并不多，大家与有荣焉，可以松口气了。三是有的同志觉得难了。好做的都做了，剩下的都是不好做的。

对此，南方报业在2022年南方+第一季度建设推进会上，旗帜鲜明地提出建设新型主流媒体要抱持“长期主义”，不能小胜则满，更不能改弦易辙。

新型主流媒体建设不可能一蹴而就。全球纸媒衰退已持续超过10年，市场萎缩厉害，其式微已不可逆。美国目前只有10家报纸的印刷发行量高于10万份，国内也是每年都有大量报纸停刊或改成电子版。这并不完全是因为报纸不好看了，而是看新闻不需要看报纸了，移动端成为主要传播介质。几个头部客户端呈现出用户高度聚集的虹吸效应，成为多数人获取信息的主要渠道，但主流人群和社会大众用户不满足于这些社会新闻和八卦信息，对主流、权威声音的渴求还在。也就是说，人们获取信息的习惯已经形成但还不稳固，对主流声音的渴求为主流媒体留下了生存空间。我们要趁这个机会去影响更多人群，但传统介质不足以承载这样的职责使命，需要依靠新的平台。这也是党中央大力推进媒体融合发展、持续强调要打造一批具有竞争力的新型主流媒体的根本原因所在。

我们做传统媒体时，将主要精力放在产品策划、内容生产上即可，不用考虑阵地建设问题。纸媒很火的时候，办一家报纸，只需要在初期投入精力搞搞发行，之后就靠搞好内容来提高发行量、吸引广告投放，就能过上好日子。但今天，在移动互联网时代，“打法”变了，阵地要不断迭代，用户要持续拉引，传播要精准到位，服务要丰富便捷，没有一蹴而就、一劳永逸的捷径。

长期主义者才能赢得持续性胜利。现在要办个客户端很容易，几万块钱就行，但要办得好很难，办得好又有人看难也哉，办得有人看还有经营收入那是难上加难，办得有高收入还有利润那是“蜀道难”。但南方+做到了，不仅“活下来”了，而且活得还很好，非常难得，这个时候若不乘势而上，而是歇歇脚，那就会错失良机，半途而废。北京大学陈春花教授说，胜利分三种类型：机会主义者只能得到暂时性的胜利，实用主义者会获得阶段性的胜利，长期主义者才能赢得持续性的胜利。南方+的确是“好做的都做了”，下一步拓展要花更大的力气，体制机制要优化，生产流程要改进，产品思维要更新，总部资源要下沉，都是难啃的骨头。但千难万难，跋山涉水，千山万水，我们也要走下去，积小胜为大胜，从量变到质变，由寻常变非常，一步一个脚印建设好南方+。如果我们过于看重眼前利益，没有长远的眼光，习惯了赚快钱，那就成了短期主义、“流寇主义”。

始终对准传播力建设这个“城墙口”冲锋。南方+建设之所以重要，是因为传播力重要。传播力是一家媒体最根本、最基础的能力，传播力建设好了，经营、拓展、服务才有所依附，没有传播力就没有一切。以前南方报业名满天下，就是传播力建设得好。传播力建设得好是什么？就是几家报纸办得好。报纸办好了，广告发行自然就丰收。进入互联网时代后，我们原有的发展路径遇到了挑战，面临三大矛盾需要解决：一是互联网信息的汪洋大海与集团纸媒传播力不足的矛盾。传统纸媒能承载的信息只是沧海一粟，毫不起眼。二是人民群众对权威信息的强烈需求与集团新媒体不能满足其需求的矛盾。三是集团内容生产能力强大与传播能力不足的矛盾。这三大矛盾在2015年以前表现得特别明显。这些年我们以提升面向互联网的传播力为首要任务，加快建造南方+这艘“媒体船”，做强了采编实力、覆盖能力、技术支撑力、传播效力，成果有目共睹，三大矛盾有所缓和。也就是说，在移动互联网这个汪洋大海中，我们的传播力虽然还很不足，但已有较大幅度提升；集团新媒体虽然还不能完全满足人民群众对正能量、权威可靠信息的需求，但已在逐渐满足需求；虽然内容生产能力强与传播能力不足之间仍然有矛盾，但两者的“匹配度”正在逐步提高。我们要始终对准传播力建设这个“城墙口”冲锋，坚持做大做强南方+，一年如此，六年如此，今后还是如此。

建成“高水平新型主流媒体”是我们的愿景。实事求是地说，南方+的建设还处在“初级阶段”，目前还只是“低水平”的新型主流媒体，还不是“高水平”的新型主流媒体，虽然现在是排在省级党报自有平台第一位，在广东客户端里，也是排在第一位，但是还没有真正成为广东第一媒体。如果南方+日活超过800万、营收超过5亿元，那可以算是“中等水平”；如果日活超过1000万、营收超过10亿元，那时才算是做到了“高水平”，到那时候才有可能松口气。现在，我们要咬紧牙关，扛过深耕的艰辛，争取用一到两年时间，推动南方+从“低水平”向“中等水平”迈进，有朝一日能建成“高水平”新型主流媒体，让党和政府得益，让社会得益，让用户得益，让集团得益，让员工得益。

三、重心下沉是南方+的必由之路

作为坚持“长期主义”的一个重要举措，南方报业作出部署，深入实施下沉策略，推动南方+建设的重心不断下移，全面挺进县（区）、镇（街）、村（居）和各垂直领域，激发末梢活力，“占领”广大群众，做大长尾市场。

躬身下沉接地气。下沉是南方+作为党端，走好网上群众路线、打通最后一公里、实现与基层用户全方位深度连接的必经之路。南方+要连接用户、影响用户，海量用户从哪里来？一是符合高素质、高消费力、高影响力这“三高”特征的主流人群，这几年我们做得不错，还要继续拉新促活。二是比主流人群更广泛的普通群众，这方面我们做得不够。南方+要实现功能之变，除了是信息传播工具、民生互动平台，更应该成为基层治理的工具，让党的声音和组织力传导到基层最末梢。现在基层人群、乡村人群常看的内容大都来自微信群、自媒体号、视频网站，充斥着大量不健康的内容，如果南方+的影响力能够到达这个群体，必能产生巨大而深远的影响。

爬坡越坎扩优势。共建区县、街镇、村居频道，不是新鲜事儿，这几年我们一直在扎实推进这项工作，与各地各党政机关部门、企事业单位合作共建了超过400个频道，已实现市、区（县）两级全覆盖，为南方+带来了源头活水。但也存在一些问题，主要是不少地方疏于精耕细作，不少频道更新率低、发稿量少，不适合基层群众阅读，也不为区县、街镇党政机关所用。长此以往，人气会散淡，阵地会撂荒。必须高度重视这些问题，投入更多总部资源到各地方频道和垂直领域，扩大南方+的优势。

十项行动定方向。重点推进“四个下沉”“两大变革”“四个支撑”共十项行动，让下沉策略落实落细。“四个下沉”指的是：第一，平台下沉。以街镇为重点突破口，推动共建频道数量增长，在县、镇两级大力拓展共建单位，以及瞄准优势商业领域继续拓展商业长尾。第二，内容下沉。重构南方+在基层的内容生产体系，探索具有南方特色、适应下沉需求的新呈现方式。第三，服务下沉。聚合集团服务能力，将活动作为下沉的抓手，打造涵盖城市盛会、产业经济、基层治理、社会民生的运营场景，拉动下载、提升活跃度。第四，人员下沉。落实频道主编制，确保每个频道落实到人。“两大变革”指的是：第一，制度变革。建立以“增量考核”为原则的激励制度，以“清单台账”为方法的督导制度，以“下沉实战”为重点的培训制度。第二，组织变革。建设适应于下沉策略、灵活高效的组织体系，对各分社和记者站组织架构进行细化，释放人才动能。“四个支撑”指的是：产品创新中台支撑、技术服务中台支撑、智能管理平台支撑、运营服务平台支撑，实现总部各种能力的通用化和平台化输出。

稳中向好动能足。下沉策略实施3个月来，态势总体向好，基层对南方+的下沉比预想的要热烈和投入，不少区域实现了发稿数量、频道流量、共建频道数量、营收业绩“四个增长”。反映在内容生产上，通过各区域全员上阵，全面下沉，抓住疫情防控中不同领域人员所关注的需求，生产了一系列直播、音视频、主题策划、深度网文等优质作品，反响良好，转发热烈；反映在传播覆盖上，第一季度端内打开、点开率增长，用户黏性增强，全端总流量同比上涨69%；反映在经营拓展上，南方日报、南方+营收稳中有进，其中南方+营收同比增长52%，个别区域南方+收入超过报纸版面收入数倍。通过下沉，以往的重写稿、轻传播，重新闻、轻资讯，重开拓、轻深耕，重经营、轻服务的症结正在解决。

四、媒体融合发展要做到“八个坚持”

媒体融合发展工作要统筹推进，实践证明行之有效的思路和做法要坚持不懈地执行下去。回顾近几年南方报业的发展历程，有八个方面经验需要始终坚持。

一是坚持报网端融合生态。推进南方+建设要在南方日报、南方网、南方+等媒体组成的融合生态中进行，集中资源、集约资源，资源既互连互通互享，也避免重复建设，恶性竞争；离开这个生态，南方+将成无根之木、无源之水，报网端融合发展也将是一句空话。

二是坚持“三个一体化”和“四化”。实践已经证明，“内容一体化生产”“技术一体化支撑”“经营一体化统筹”是南方+短期内迅速发展壮大的法宝，移动化、平台化、可视化、智慧化是新型主流媒体的发展方向，要坚定不移地走下去。

三是坚持发展和安全并行。阵地每向前推进一步，管理就要跟进一步，这样才能行稳致远，实现可持续发展。既要管得住，做到不出错、不出事；又要管得好，做到出新出彩，生机勃勃。在应对意识形态领域的风险挑战上，南方+没有天然的免疫力，也非金刚不坏之身，要做到安全至上、严防差错。

四是坚持旧业和新业并存。当前我们正处在“旧业还在，新业初成”的阶段，大力推进南方+建设并不是要放弃报纸、放弃杂志、放弃网站，这些媒体的发展势头还很好，不能贸然丢掉。不重视报纸就没有现在，不重视移动端就没有未来，要坚持“纸”与“网”两大传播介质并存共生，共同带动集团整体传播力更强、影响力更大、家底更厚实。

五是坚持“造船”和“借船”并举。“造船”就是在互联网汪洋大海里拥有自主可控的“媒体船”。“借船”就是借助强大的第三方平台实现广泛传播，包括开设微信公众号、微博、抖音号、今日头条号等。“造船”和“借船”都很重要，两条腿走路才能解决传播力不足的问题。

六是坚持内容、技术、经营并驾。这是撑起新媒体平台的三根顶梁柱，每一根都不可或缺。因此，南方+设置了总内容官、总技术官、总运营官。

七是坚持长期和短期并重。我们要坚持“长期主义”，但也要有短期目标。集团每年初与各单位签订的考核责任书就属于短期目标，要千方百计落实好。“长期主义”正是由一个个短期目标构成的。

八是坚持“主流人群”和“普通群众”并茂。对主流人群要全力拉新促活，设法满足其需求。同时也要争取普通群众，做到大量流量来自各地的区县、街镇频道，今年务必有突破、有成绩。

（本文刊发于《南方传媒研究》2022年第2期）

加快实施“下沉策略”
建设覆盖广泛、基业长青的新型主流媒体

建设新型主流媒体既是国家战略，也是传统媒体在新形势下生存发展的主动选择。如果没有一个优越平台，没有一个新型主流媒体，传统媒体空有八斗之才也难有用武之地。建成新平台让我们有了参与竞争、挺进主战场的抓手。如何建好建强新平台，保持高覆盖率、高活跃度、高增长性，如何更好地发挥思想引领作用，服务党和国家改革发展大局，考验媒体管理者的智慧与决心。

南方报业传媒集团建设南方+客户端7年有余，始终着眼传播力建设，不断在内容生产、覆盖能力、体制机制变革、技术创新以及服务能力提升等各方面进行全新探索。2022年开年，集团发出“长期主义”动员令，深入实施“下沉策略”，加快推动南方+建设的重心不断下移，全面挺进县（区）、镇（街）、村（居）和各垂直领域，激发末梢活力，“占领”广大群众，做大长尾市场。从前三季度数据来看，“下沉策略”效果明显，南方+传播力、影响力和营收力均取得大幅上涨。同时，我们也必须清醒认识到，下沉既是为了拓展，但不仅仅是为了营收，更重要是为了做强内容，形成强大的传播力，占领

更广阔的阵地，为基业长青奠定基础。

一、为什么要实施“下沉策略”

随着互联网渗透率的不断提升，下沉市场被认为是流量增长的重要来源地。因此，推动南方+重心下沉，既是大势所趋，也是党端融入基层治理、走好网上群众路线的必然要求。

1. 下沉是参与国家治理体系和治理能力现代化的必然要求

媒体是社会子系统，是社会的有机组成部分，发挥着社会参与、社会沟通、社会疏导、社会监督作用，是增强政府公信力、提升国家治理能力的重要推动力量。南方+要实现功能之变，除了是信息传播载体、用户互动平台，更应该成为基层治理工具，一方面让党的声音和组织力传导到基层最末梢，另一方面为政府有效化解舆情、引领社会共识提供平台和支撑。现在基层人群、乡村人群常看的内容大都来自微信群、自媒体号、视频网站，充斥着大量不健康的内容，如果南方+的影响力能够到达这个群体，必能产生巨大而深远的影响。

2. 下沉是实现与基层用户全方位深度连接的必然要求

中共中央办公厅、国务院办公厅印发的《关于加快推进媒体深度融合发展的意见》明确提出，“要走好全媒体时代群众路线，坚持以人民为中心的工作导向，坚持贴近群众服务群众，创新实践党的群众路线，大兴‘开门办报’之风，把党的优良传统和新技术新手段结合起来，强化媒体与受众的连接，以开放平台吸引广大用户参与信息生产传播，生产群众更喜爱的内容，建构群众离不开的渠道”。这些年南方报业一心一意建设南方+，就是要把南方+打造成为目标用户每天获取信息资讯的必选渠道。应该说，在延伸传统媒体服务能力，覆盖“三高”（高素质、高影响力、高消费力）人群方面，南方+已经做到了，而且做得比较好，但是对于基层群众的覆盖力，还做得不够，所以要进一步下沉，把工作做得更细、更贴近、更有新意。

3. 做好下沉是为基业长青打基础

南方+脱胎于广东省委机关报，广东区域市场是南方+的优势和根基所在。南方日报早在21世纪初就创办了地方版，在区域市场深入实施深耕策略，锻炼出一支高素质的人才队伍；南方+时至今日已发展成平台型客户端，下载过亿，日活超600万、年发稿逾百万篇，拥有400多个共建频道、7000多个南方号，条块兼备。因此，以频道建设为载体，实施南方+的深耕下沉，推动新型主流媒体资源下沉到区域，通过建设频道、地方版，深入县区、街镇乃至村，南方+具备其他区域性媒体所不具备的优势，可谓水到渠成。下沉既是为了拓展，也不完全是为了营收，更是为了南方+传播力发展有后劲、有基础，为了打造更强大的传播力，为了有更强大的内容、更强大的覆盖能力，为集团的百年基业打下基础。

二、南方+下沉深耕的路径探索

2022年初，集团部署实施“下沉策略”，重点推进“四个下沉”“两大变革”“四个支撑”十项行动。“四个下沉”指的是平台下沉、内容下沉、服务下沉、人员下沉；“两大变革”指的是制度变革和组织变革；“四个支撑”指的是产品创新中台支撑、技术服务中台支撑、智能管理平台支撑、运营服务平台支撑。

各部门按照集团部署，以传播力建设为核心，深入挖掘共建频道资讯潜能，加快推进实施“下沉策略”。各分社、记者站充分发挥主观能动性，各擅胜场、各适其适，形成了百花齐放、美美与共的良好态势，有效提升南方+在区域市场的传播力、影响力和营收力。一是“占领”群众、占领长尾。通过优质的内容传播和活动开展，带动提升南方+在基层的下载量，同时继续做好“三高”人群的精准下载，努力提升日活和流量，提升南方+在区域市场的影响力。二是探索实行常驻制。下沉是长期策略，不单单是频道下沉，人员也要下沉。蜻蜓点水般停留在当地建立不了人脉，对当地发生的事情了解不深，无法有效实现内容和服务下沉。江门分社实施“常驻制”，每个县区安排专人负责，在工作日常态化驻点，把人员下沉到区县充分融入当地。通过常驻制提升在县区市场的深耕力度，为南方+区域共建频道传播力建设带来新动力。三是进一步拓宽合办频道发展路子。县级融媒体中心验收标准之一是要有App，南方+的合办频道已实现首页化。各分社、记者站在探索县级融媒体托管运营新模式时，将合办频道和托管县级融媒体中心一并考虑，如湛江分社就探索了县级融媒体托管运营新模式。合办频道是省委机关报和各地县委、区委合办的机关频道、机关端，是各地县委、区委履职尽责的重要抓手，要持续探索丰富频道共建类型和内容，推动合作共赢。

三、“下沉策略”成效初显

经过深入推进实施“下沉策略”，南方+建设取得了令人振奋的业绩，2022年前三季度传播力、影响力、营收力再上新台阶。

1. 全端流量、用户活跃度、主题宣传流量等显著上涨

2022年前三季度，在全端发稿量同比减少11%的情况下，从客户端打开的流量同比上涨52%，从手机站打开的流量同比上涨25%，原创稿件端内流量同比增长31%。原创10万+同比增长56%，100万+同比增长1.6倍，端内影响力持续上升。可喜的是，不仅新闻、活动流量高，主题宣传也实现了“破圈”传播。乡村振兴主题报道、省党代会主题报道、香港回归祖国25周年报道端内流量大幅跃升，党的二十大报道端内总流量亦升幅喜人。

2. 主平台效应突出

南方+作为集团客户端的趋势更加明显了。2022年前三季度，南方日报、南方+原创稿件超过13万条，来自南方杂志、南方新闻网、南方农村报、南方周末、南方都市报/N视频等集团其他媒体的稿件6.7万条。集团各部门在南方+举办的征稿、投票、答题、抽奖、打卡等活动共227场，同比增长26%。

3. 报端收入结构持续优化

2021年南方+收入首次超过报纸，占报端总收入的51%，2022

年前三季度占比提升到60%。在云浮、东莞、肇庆、韶关等区域端的占比已经超过80%，汕尾、河源、揭阳、中山、深圳等区域端的占比超过70%。这些区域都产生了不少高流量作品，传播力营收力得到了双提升。广告形态结构继续优化，信息流、开屏、冠名贴片、浮窗、票选、答题等产品均受到市场好评。

四、持之以恒做好新型主流媒体建设

南方+的发展呈现出内容精彩、经营出色、影响力剧增的良好态势，进一步坚定了集团上下把南方+建成高水平新型主流媒体的信心和决心。我们深刻认识到，南方+的建设是新型主流媒体建设，是现代传播力的重构，是面对移动互联网主战场的能力建设，不能单纯就南方+而论南方+。南方+的良好发展势头，证明集团实施的一系列战略战术措施是行之有效的，必须长期坚持，不可半途而废。同时，在推动下沉过程中，既要遵循新媒体传播规律，重视开拓、资讯、流量、开放生产、用户互动等新媒体平台优势的发挥，也要坚持和提升原有的内容生产能力、品质要求、覆盖能力、政务服务能力，必须统筹兼顾，不能有所偏废；不能只及一点，不及其余。

一是既要抓“下沉”也要抓“上升”。集团一直以来都在抓“下沉”，从“一人站”到“几人站”，从开设地方版到合办频道，我们不是今年、今天才抓下沉，是长期在抓，只是现在要抓得更“下”，沉得更深。抓下沉是为了“上升”，从媒体运营来说，下沉是为了扩大覆盖面，提升传播力、影响力、营收力；从内容生产来说，下沉抓活鱼、抓新闻，能够提升内容品质，提升稿件流量。

二是既要抓“群众”也要抓“主流”。群众的力量是无穷的，抓群众就是要用主流价值观去影响群众，使支持党的政策主张成为群众主流。但主流人群、“三高”人群不能丢，这既是省委省政府第一移动权威发布平台的定位所决定的，也是南方报业多年积累的核心竞争力，要继续抓好主流人群的下载量、点开率，努力提升日活和点击量，始终影响有影响力的人。

三是既要抓“开拓”也要抓“深耕”。既要开拓更多的市场、更多的蓝海，又要抓好现有的领域和市场，深耕细作、深挖潜力。以南方+为例，现有400多个合办频道，但是远未达到“全覆盖”，必须抓住时间窗口，加大力度开拓；同时也要注重现有频道的“深耕”，不能像小熊掰玉米，掰一个丢一个。对于原有的频道、领域和范围，必须进一步深耕、巩固，提升内涵，做到开拓与深耕并举。

四是既要抓“政务”也要抓“商务”。抓“政务”，是我们的独有优势和独特能力，也是南方报业办报办端的基石所在。通过下沉，深入到区县街镇甚至村拓展政务服务，加强资讯内容和市场服务的开拓。同时也别忘了抓商务、抓市场、抓商业。开拓有难度，必须用好客户端流量和用户，充分挖掘其商业价值和商务价值，加大力度整合资源、配置人力，丢掉路径依赖，想方设法去开拓商务。

五是既要抓“资讯”也要抓“新闻”。媒体在高速扩张时，往往会采取以量取胜的策略。南方+下沉频道现有内容以政务资讯、商务资讯和消费资讯为主，要逐步改变这些内容的形态，增加高质量、有价值的新闻，努力打造良好的端相。好的内容才有生命力、才能产生更大的影响力。新闻是媒体人的拿手好戏，任何时候都不要自废武功，要坚持与纸媒同一标准，强化精品意识、加强内容创新。

六是既要抓“营收”也要抓“内容”。营收是媒体工作成效的一个评价维度，也是内容建设效果的体现。营收固然很重要，事关集团可持续发展、事关队伍士气，但是内容才是我们的安身立命之本，是我们干事创业的舞台。传统主流媒体进军互联网，抢占舆论场的底气来源于优质内容的生产能力与专业的生产团队。没有内容的深耕与创新，很难获得营收的可持续增长。没有收入的增长，也难有内容的创新创意。两者相辅相成，缺一不可。

七是既要抓“流量”也要抓“质量”。流量、点击量是新闻稿件好坏的主要评价指标之一，在移动互联网时代一定要抓流量、抓爆款；同时也要抓质量，质量高的稿件流量未必很高，但是流量高的稿件，质量都比较好。质量能够体现专业能力，体现媒体价值取向，能发挥旗帜作用。2022年以来有个可喜的现象，南方+的纯新闻流量也在增加。纯新闻是专业能力、文以载道的体现，纯新闻流量的提升，再次证明新闻质量是主流媒体在互联网时代立于不败之地的法宝，必须高度重视新闻品质。

八是既要抓“建设”也要抓“管理”。意识形态安全、导向安全是媒体生命线，是一切工作的前提，没有了这个前提其他都不成立。新媒体的即时性、开放性和海量内容，使之成为导向风险隐患的高发区。一方面要发挥我们的专业优势，加强内容审核管理，要用好新的技术手段，想方设法排除风险隐患；另一方面要建立健全规章制度，加大问责和处罚力度，压紧压实层级管理责任。同时，加强样本统计分析，有针对性地解决问题，织密扎牢网络安防之网，确保意识形态安全、政治安全。

九是既要抓“长尾”也要抓“头部”。要抓新闻资讯长尾、广告长尾，做长长尾。同时要继续做强头部，头部可以以一当十、以一当百，要双管齐下抓好内容的头部、经营的头部。

十是既要抓“开放生产”也要抓“专业生产”。多数商业平台都是开放生产，让用户用好平台去生产海量内容，从而为平台增加流量、广告和吸引力。南方号是开放生产的平台，在强化管理、抓好导向的同时，也要建立共建频道通讯员队伍和拍客队伍，让他们更多地参与到内容生产中来，丰富平台内容形态、促进流量提升。但是对于严肃的党端而言，开放生产是有限的开放，不是让用户自由生产。主题的策划运营、内容的审核把关，仍然需要围绕党的新闻舆论工作要求开展，需要依靠专业力量、保持专业水准，因此要抓好内容建设和品质管理。

十一是既要抓“内涵”也要抓“呈现”。要抓好内容建设，抓好内涵的提升、内在张力的扩张，但也别忘了抓呈现、抓品相。就南方+而言，内容呈现有些时候有些稿件还是过于一本正经、过于呆板和严肃。要遵循网络传播规律，善于学习网络表现形式和话语体系，以更轻松易读、形式多样的呈现方式提升报道的吸引力。品相包括内容、稿件质量，也包括阅读观感。抓品相不仅要抓新闻品相，也要抓广告品相。比如南方+占收入大头的还是专题和信息流等广告形式，它们带来的收入占总收入四分之三，另外还有33种广告形态带来的收入不到四分之一，还有将近20种广告形态未产生过收入，这跟广告呈现方式不及市场化媒体的轻松灵活有关。

十二是既要抓“大稿”也要抓“日常”。要抓好重大主题宣传、重大报道战役，抓大稿；同时也要抓好日常报道、即时新闻，抓小稿。日常报道、即时新闻数量大，是构成日常流量的主干部分，如果说大稿、主题报道是高峰，那么日常报道、即时新闻就是高原。重大主题报道政治性强、影响面广，新闻操作技术含量高，固然需要投入更多的时间精力精心打磨；但是日常报道也是做新闻的应有之义，需要认真对待，要做好看的新闻、有用的新闻。

十三是既要抓“开源”也要抓“节流”。要抓开源，大力开拓，深挖潜力，增加收入；同时也别忘了抓节流，该投入的投入，该节省的要节省。要将有限的资源投入到能够促增长、有高价值回报的业务中，特别是在成本上涨压力大的情况下，要精细化管理，避免资源浪费。

十四是既要抓“事业”也要抓“人才”。南方报业过去的成功，因为有两项关键资产，一个是人才，一个是传播力。随着传播介质迭代，传统介质影响力下降，需要建设新的传播介质，重建传播力，这是抓事业、抓主业。事业发展离不开人才体系支撑，南方报业重视人才、爱护人才的传统，为集团推进媒体融合转型奠定了坚实的基础。新型主流平台的搭建，为人才成长提供施展才华、干事创业的平台，从而吸引更多人才加入，推动事业加快发展。因此，在推动新型主流媒体建设的同时，要继续完善人才培养和评价体系，既要给一线人员压担子，也要关心他们的成长成才，做好职务晋升和职称评聘工作，建立健全轮岗交流机制等。

十五是既要抓“收入”也要抓“投入”。既要重视新闻的产出、经营的收益，也要重视投入。南方+建设过程中，集团集中优势资源，支持技术中心搭建“底盘”，底盘建好了，支撑能力强大了，就能赋能生产、传播，很多便捷实用的工具和很多赋能的产品可以跟业务部门的产品融为一体。同样，下沉中，要保障各种资源的精准投放，比如支持发展较好、能力较强的记者站建设中台，把视频生产等放在前端，审核把关放在总部。

十六是既要抓“业务”也要抓“党建”。要处理好党建和业务的关系，坚持党建工作和业务工作一起谋划、一起部署、一起落实、一起检查。各个分社、各个记者站都是独立运作的业务部门，在把握机会、冲刺业务的同时，要牢记我们是党媒，从事党的新闻舆论工作，业务要创新，党建也要跟上。要坚持抓好党建工作，做到以党建工作引领业务工作。

十七是既要立足广东也要放眼全国。既要扎根广东，做深做透广东，争取把南方+打造成为广东第一端、大湾区第一端；

也要放眼全国，做全国影响、全国报道、全国广告。我们要做全国报道，但不一定要全国原创，可以加强与外省媒体合作，选取更多具有全国关注度的稿件；另外我们可以适时调整在北京、上海、海南等重点区域布局，升级完善北京新闻中心，在成本不高的情况下增加全国辐射力，实现较优的投入产出比。

（本文刊发于《南方传媒研究》2022年第5期）